Wenn du leben willst,
dann schau mit einem Lächeln…

OSIP MANDELŠTAMS NACH LANGEM SCHWEIGEN IN ARMENIEN »ZURÜCKGEKOMMENE« GEDICHTE

Aus dem Russischen übertragen von
Jörn Steinberg

Goethe & Hafis

Das O. E. Mandelštam zeigende Photo auf dem Einband ist das letzte zu dessen Lebzeiten entstandene; es wurde am 3. Mai 1938 nach Mandelštams Verhaftung vom Photographen des NKVD-Gefängnisses in der Moskauer Lubjanka aufgenommen.

© Goethe & Hafis Bonn 2015

Alle Rechte vorbehalten, insbesondere das der Übersetzung, des öffentlichen Vortrags sowie der Übertragung durch Rundfunk und Fernsehen, auch einzelner Texte. Kein Teil dieses Werks darf in irgendeiner Form, durch Fotografie, Mikrofilm oder andere Verfahren, ohne schriftliche Genehmigung des Verlages reproduziert oder unter Verwendung elektronischer Systeme verarbeitet, vervielfältigt oder verbreitet werden.

Printed in Germany
Erste Auflage 2015

ISBN: 978-3-940762-23-8

Обостри данные нам пять чувств!
Проникни в суть вещей!

Schärfe die uns gegebenen fünf Sinne!
Dringe zum Kern der Dinge vor!

INHALT

	Seite
Einleitung und Vorbemerkungen	9
Gedichte	19
Und wie wir beide Angst haben	21
Gedichtzyklus »Armenien«	23
I Du wiegst die Rose des Hafis	23
II Du hast dir Farben gewünscht	25
III Ach, ich sehe nichts mehr, und das arme Ohr ist taub geworden	27
IV Den Mund verhüllt, wie eine feuchte Rose	29
V Umwickle die Hand mit dem Tuch und in ein bekröntes Gesträuch	31
VI Staat der schreienden Steine	33
VII Nicht Ruinen – nein!	35
VIII Kalt ist's der Rose im Schnee	37
IX Auf purpurfarbenen Graniten klickend	39
X Welch eine Pracht in dem armseligen Dorf	41
XI Ich werde dich niemals wieder sehen	43
XII Azur und Lehm, lehmbraun und azurblau	45
Auf hochfeinem Polizeipapier	47
Sage es keinem	49
Die dornige Sprache des Ararat-Tals	51

Welche Freude macht mir ein unter Anstrengungen lebendes	53
Eine Wildkatze, Armeniens Sprache	55
Und tierisch streitet sich das Menschenpack	57
Kanzone – Werde ich euch wirklich morgen sehen	59
Der Phaëton-Kutscher – Auf dem hohen Gebirgspaß	63
Wie ein riesiger Koloß	67
Fragmente aus vernichteten Gedichten	69
I Im einunddreißigsten Jahr seit der Geburt des Jahrhunderts	69
II Schon liebe ich die Moskauer Gesetze	71
III Wenn du leben willst, dann schau mit einem Lächeln	73
IV Ich bin kein Kind mehr!	75
Literaturverzeichnis	78
Notizen	81
Postscriptum	121
Christian Kleist	127
An die deutsche Sprache	129
Wir leben, unter uns den Boden nicht spürend	133

EINLEITUNG UND VORBEMERKUNGEN

Im Jahr 1929 wandte sich der Dichter Osip Mandelštam (1891-1938) mit dem Wunsch, eine Reise nach Armenien durchzuführen, an Nikolaj Bucharin[1], einen der wenigen höhergestellten Parteifunktionäre des Sowjetregimes, der Mandelštam nicht feindlich gesinnt war, und der in ihm den großen Dichter zu erkennen vermochte, der er tatsächlich war. Dieser schrieb daraufhin an S. M. Ter-Gabrieljan, den Vorsitzenden des Rates der Volkskommissare der Armenischen Sozialistischen Sowjetrepublik: »Lieber Genosse Ter-Gabrieljan! Einer unserer großen Poeten, O. Mandelštam, würde gern in Armenien eine Arbeit im kulturellen Bereich bekommen, z. B. im Bereich der armenischen Kunst, vor allem der Literatur oder sonst irgendetwas in dieser Art. Er ist ein sehr gebildeter Mensch und könnte Ihnen großen Nutzen bringen. Man muß ihn nur ein wenig in Ruhe lassen und ihm Arbeit geben. Über Armenien würde er eine Arbeit schreiben. Er ist bereit, die armenische Sprache zu erlernen usw. Antworten Sie bitte per Telegramm an Ihre Vertretung. Ihr

---

[1] Nikolaj Ivanovič Bucharin (1888-1938): führender Kopf der Oktoberrevolution, großer Theoretiker des Bolschewismus und Mitstreiter Lenins, galt nach Lenins Tod als der Theoretiker der Partei. Bucharin war zu dem fraglichen Zeitpunkt Vorsitzender des *Komintern* und Chefredakteur der Tageszeitung *Isvestija*. Am 13. März 1938 wurde Bucharin im letzten der großen Schauprozesse zum Tode verurteilt und kurz darauf erschossen; nur wenige Monate später, am 2. August, wird Mandelštam durch ein Sondergericht des NKWD »wegen konterrevolutionärer Tätigkeit« zu fünf Jahren Arbeitslager verurteilt und stirbt am 27. Dezember 1938 in einem Transitlager in der Nähe von Wladiwostok.

Bucharin.« Die Antwort, unterschrieben von A. A. Mravjan[2], traf elf Tage später telegraphisch ein: »Bitte dem Poeten Mandelštam übermitteln: Es ist möglich, an der Erivaner Universität Vorlesungen über die Geschichte der russischen Literatur zu halten, auch über die russische Sprache, am Veterinärmedizinischen Institut. Mravjan. 23. Juni 1929.«[3] Nach dem Tod von Mravjan am 23. Oktober desselben Jahres zerschlug sich freilich die geplante Reise. Seine Enttäuschung darüber verarbeitete Mandelštam wie folgt literarisch in seiner »Vierten Prosa« (1929/30):

»Ich bin Chinese, niemand versteht mich, Holterdiepolter! Fahren wir nach Alma-Ata, wo Menschen mit Rosinenaugen wohnen, wo der Perser einhergeht mit seinen Augen wie Spiegeleier, wo der Sarte mit seinen Hammelaugen stolziert.

Holterdiepolter! Fahren wir nach Aserbeidschan!

Ich hatte einen Schirmherrn, den Volkskommissar Mrawjan-Murawjan Ameisenmann[4], Volkskommissar der armenischen Erde, dieser jüngeren Schwester der judäischen. Er schickte mir ein Telegramm.

Gestorben ist er, mein Schirmherr – der Volkskommissar Mrawjan-Murawjan Ameisenmann. Im Eriwaner Ameisenhaus gibt's den schwarzhaarigen Volkskommissar nicht mehr. Nun kommt er nicht mehr nach Moskau gefahren im internationalen Eisenbahnwaggon, naiv und neugierig wie ein Geistlicher aus einem türkischen Dorf.

---

2 Anastas Artemevič Mravjan (1886-1929) war zu diesem Zeitpunkt Volkskommissar für Bildung und Erziehung und Stellvertreter des Vorsitzenden des Rates der Volkskommissare der Armenischen Sozialistischen Sowjetrepublik.

3 Eigene Übersetzung des Schriftverkehrs zwischen Bucharin und den armenischen Parteigenossen nach P. M. Nerlers Kommentar in «Osip Mandelštam: Stichotvorenija, perevody, očerki, stati» // Gedichte, Übersetzungen, Essays, Artikel //, herausgegeben von G. G. Margvelašvili und P. M. Nerler, Tbilisi 1990, 393f.

4 »Mravjan-Muravjan« ist eine Mandelštamsche Namensschöpfung; der richtige Name des Volkskommissars ist »Mravjan«. Mandelštam gibt diesem noch einen weiteren Namen bei, »Muravjan«, vom russischen Wort für »Ameise« (*muravej*) abgeleitet. Der Übersetzer Ralph Dutli (s. Fußnote 6) fügt der Mandelštamschen Namensschöpfung noch eine eigene, durch Mandelštam inspirierte, bei und kommt so zu »Mrawjan-Murawjan-Ameisenmann«.

Holterdiepolter! Fahren wir nach Aserbeidschan!
Ich hatte einen Brief an den Volkskommissar Mrawjan. Brachte ihn den Sekretären in einer armenischen Villa an der saubersten Botschaftsstraße Moskaus. Beinahe wäre ich nach Eriwan gefahren, um im Auftrag des altertümlichen Volkskommissariates für Bildung und Erziehung rundköpfigen Jünglingen in der armen Klosteruniversität ein furchterregendes Seminar zu erteilen.
Führe ich nach Eriwan, würde ich während dreier Tage und Nächte an den Stationen aussteigen, in große Bahnhofbüfetts treten und Brotscheiben mit schwarzem Kaviar essen.
Holterdiepolter!
Unterwegs würde ich das beste Buch von Soschtschenko[5] lesen und mich darüber freuen wie ein Tatar, der hundert Rubel gestohlen hat.
Holterdiepolter! Fahren wir nach Aserbeidschan!
Im gelben Strohkorb nähme ich den Mut mit mir, zusammen mit einem ganzen Haufen nach Lauge duftender Wäsche, und mein Pelz hinge an einem goldenen Nagel. Und im Bahnhof von Eriwan würde ich aussteigen mit dem Winterpelz in der einen Hand und dem Altmännerstock – meinem Hebräerstab – in der anderen.«[6]
Anfang 1930 unternahm Mandelštam einen zweiten Versuch, nach Armenien zu kommen. Seine Ehefrau Nadežda berichtete über das Gespräch, das sie in dieser Sache mit A. P. Korotkova, der Sekretärin von Bucharin, geführt hatte: Als die Korotkova gefragt habe, wohin Osip Mandelštam reisen möchte, habe sie geantwortet: »nach Armenien«, darauf die Korotkova, »das heißt, das ist ernst gemeint.«[7] Tatsächlich ist die daraufhin von

---

[5] Michail Michailovič Soščenko (1895-1958): Prosaist, Satiriker, der durch seine komischen und satirischen Kurzgeschichten in den 1920er Jahren sehr populär war.
[6] Zitiert nach »Ossip Mandelstam: Das Rauschen der Zeit – Gesammelte ›autographische‹ Prosa der 20er Jahre«, aus dem Russischen übertragen und herausgegeben von Ralph Dutli, Amman Verlag AG, Zürich 1985 (2. durchgesehene Auflage 1991), 259f.
[7] Eigene Übersetzung des Gesprächs nach P. M. Nerlers Kommentar in der Tbilisi-Man-

Bucharin in die Wege geleitete und organisierte Reise nach Armenien[8], wie Nadežda Mandelštam schreibt, »nicht eine Touristenlaune, keine Zufälligkeit, sondern vielleicht einer der tiefsten Ströme in Mandelštams historiosophischem Bewußtsein. […] Die kulturelle Tradition war für Mandelštam nie unterbrochen: die europäische Welt und das europäische Denken wurden im Mittelmeerraum geboren – dort begann jene Geschichte, in der er lebte, und jene Poesie, in der er aufgehoben war. Die Kultur des Kaukasus ist die des Mittelmeerraumes: das gleiche Buch, ›aus dem die ersten Menschen lernten.‹«[9]

Im April 1930 trafen Osip und Nadežda Mandelštam schließlich ihre Reise nach Armenien an. Die lang erträumte Reise war für Mandelštam nach der 1928 gegen ihn, den unbotmäßigen Dichter, einsetzenden Verleumdungs- und Hetzkampagne wie ein spätes Geschenk – und gewiß eines der glücklichsten Ereignisse dieses Dichterlebens überhaupt. Zunächst mußten die Mandelštams – in einer Art Quarantäne, wie Mandelštam im Notizbuch zur »Reise nach Armenien« schreibt – im abchasischen Suchumi sechs Wochen lang auf die Reisepapiere nach Armenien warten. Im Mai 1930 trafen sie endlich in Erivan ein.

Im Kapitel »Moskau« seines Notizbuchs zur »Reise nach Armenien« schreibt Mandelštam über den letzten Abschnitt seiner Anreise nach Armenien – nach Erhalt der Reisepapiere – und über seine Erwartungen: »Nachdem ich mir irgendwelche Papierchen hatte ausstellen lassen, die ich mit gutem Gewissen nur als Fälschungen ansehen konnte, setzte ich mich im Mai 1930

---

delštam-Ausgabe, op. cit. (s. Fußnote 3), 394.
8 Bei der Organisation der Reise wurde Bucharin unterstützt von V. M. Molotov, dem späteren Außenminister der Sowjetunion, und S. I. Gusev, Mitglied des VZIK (des Gesamtrußländischen Zentralexekutivkomitees) und des Präsidiums des *Komintern*.
9 Nadežda Mandelštam »Mandelštam in Armenien«, im Russischen erstveröffentlicht in der Erivaner Zeitschrift *Literaturnaja Armenija* Nr. 3, 1967; Übersetzung nach P. M. Nerlers Kommentar in der Tbilisi-Mandelštam-Ausgabe, op. cit. (s. Fußnote 3), 394.

mit einem Reisekorb nach Erivan ab [in ein fremdes Land, um dessen Städte und Gräber mit eigenen Augen abzutasten, die Klänge von dessen Sprache in mich aufzunehmen und dessen besonders schwere und überaus vornehme geschichtsträchtige Luft einzuatmen.]«[10]

Nadežda Mandelštam beschreibt die Wirkung Armeniens auf Mandelštam wie folgt:»Für Mandelstam war die Ankunft in Armenien die Rückkehr in einen vertrauten Schoß – dorthin, wo alles angefangen hatte, zu den Vätern, zu den Quellen, zum Ursprung. Nach langem Schweigen kamen die Gedichte in Armenien zurück und verließen ihn nie mehr...

Armenien, Tscharenz[11], die alten Männer von der Universität, die Kinder, die Bücher, eine herrliche Erde und die aus ihr gewachsene Architektur, der einstimmige Gesang und die ganze Lebensart dieses Landes – das war es, was Mandelstam einen ›zweiten Atem‹ gab, mit dem er bis ans Ende lebte. In seinem letzten Lebensjahr – in Woronesch – erinnerte er sich noch einmal an Armenien und schuf ein Gedicht über die Menschen, deren Augen sich aus dem Schädel hervorbohren und denen die ›Maulbeerkälte‹ fehle... Das Gedicht ist verlorengegangen. Doch auch so durchzieht das armenische Thema die ganze Reifeperiode seines Schaffens.«[12]

Schon während der Rückreise aus Armenien, auf einer mehrwöchigen Zwischenstation im georgischen Tbilisi, begann Mandelštam Ende September – erstmals seit 1925 – wieder Lyrik

---

10 Eigene Übersetzung nach der Tbilisi-Mandelštam-Ausgabe, op. cit., (s. Fußnote 3), 353.

11 Egiše Čarenc, eigentlich Sogomonjan (1897-1937), armenischer Dichter zunächst symbolistischer, dann futuristischer Prägung (Einfluß Majakovskis), ein bedeutender Erneuerer der ostarmenischen Lyrik, der im Zuge der stalinistischen »Säuberungen« 1937 ermordet wurde.

12 Nadežda Mandelštam »Mandelštam in Armenien«, im Russischen erstveröffentlicht in der Erivaner Zeitschrift *Literaturnaja Armenija* Nr. 3, 1967, übersetzt von Ralph Dutli nach dem Band: Nadežda Mandelštam, Tretja Kniga // Das Dritte Buch //, YMCA-Press, Paris 1987; hier zitiert nach: »Ossip Mandelstam: Armenien, Armenien – Prosa, Notizbuch, Gedichte 1930-1933«. Aus dem Russischen übertragen und herausgegeben von Ralph Dutli, Amman Verlag & Co., Zürich 1994, 157ff.

zu schreiben. Hier schuf er den zwölf Gedichte umfassenden »Armenien«-Zyklus (im März 1931 erstmalig in der Zeitschrift »Novy Mir« veröffentlicht) und sechs weitere Gedichte. Mit diesen »Neuen Gedichten« begann eine neue, unendlich reiche lyrische Schaffensperiode Mandelštams, die erst im Sommer 1937 enden sollte. Seit Februar 1931 wieder in Moskau lebend, begann Mandelštam im April 1931 die Arbeit am Prosatext »Die Reise nach Armenien« (im Mail 1933 erstmalig veröffentlicht in der Zeitschrift *Svezda* – es wird die letzte literarische Veröffentlichung zu Lebzeiten Mandelštams sein).

Im Nachwort zu seiner Übersetzung von Mandelštams Prosatext »Die Reise nach Armenien« ins Deutsche[13] schreibt der Übersetzer und Essayist Ralph Dutli über Armenien, das Land, in dem Mandelštam »die Gedichte wieder kamen« und das ihm einen »zweiten Atem« gegeben hat:

»Das Land um den heiligen Berg Ararat ist ein Urraum der Zivilisation, ein Land mit reichster kultureller Vergangenheit – und zugleich, ab dem dritten Jahrhundert, das erste christliche Land der Welt, dem Europa nicht wenig zu verdanken hat.

Von den Vorläufern Mandelstams, die gleich ihm die Reise an den Ursprung unternommen haben, hier nur zwei: Noah und Puschkin. Der erstere freilich hat eine Reise nach Armenien gemacht, ohne es zu wissen. Am Ararat war seine Arche gelandet. Dort brachte ihm die Taube das Ölblatt, das den Neubeginn verhieß. Die Armenier halten sich stolz für die ersten Menschen nach der Sintflut, und alte persische Legenden geben ihnen recht, bezeichnen den Ararat als die Wiege der Menschheit.

Hundert Jahre vor Mandelstam, 1829, machte sich einer nach Transkaukasien auf, der noch keinem jüngeren russischen Dichter hat gleichgültig sein können. Für die russische Literatur war er Noah und gründendes Ölblatt zugleich – Versammler alles

---

13 »Ossip Mandelstam: Die Reise nach Armenien«. Übertragen aus dem Russischen und Nachwort von Ralph Dutli, Suhrkamp Verlag, Frankfurt am Main 1983, 131f.

Gültigen und Bewahrenswürdigen und prägender Neubeginn: Alexander Puschkin (1799-1837). Auch er steht staunend vor dem Ararat, erliegt seinem Magnetismus, versucht ihn in der ›Reise nach Erzerum‹ zu begreifen (›Was ist das für ein Berg?‹ – fragte ich, indem ich mich aufreckte, und vernahm die Antwort: ›Das ist der Ararat.‹[14] Wie stark wirken die Klänge auf uns! Begierig blicke ich auf den biblischen Berg, sah die Arche, die an dessen Spitze gelandet war in der Hoffnung auf Erneuerung und Leben – sah den Raben und die Taube ausfliegen, Symbole für Strafe und Versöhnung...).

Armenien ist auch das Urland einer verzweifelt-beharrlichen kulturellen Selbstbehauptung, dessen Volk immer gefährdet war und Unterdrückung, Vertreibung, grausame Dezimierung hat erleiden müssen. Alle griffen nach dem fruchtbaren Hochland zwischen Mittelmeer, Schwarzem Meer und Kaspischem Meer: Römer, Parther, Sassaniden, Byzantiner, Araber, Seldschuken, Mongolen, Tartaren, Mamluken und schließlich die Türken, deren Ausrottungspolitik in den Massakern von 1915 einen traurigen Höhepunkt fand. Der 1920 als Republik in die Sowjetunion eingegliederte östliche Randteil des alten Landes war dann – nach einer fruchtbaren Aufbauphase – unter Stalin erneut Unterdrückungen ausgesetzt. Dieses Urvolk wird wohl für immer mit der (Leidens-)Geschichte von Geist und Kultur verbunden sein.«

In den Jahren 1992 und 1993 habe ich selbst dieses Land – auch auf den Spuren Mandelštams – besucht, das Mandelštam mit einem geschärften Wahrnehmungsvermögen beschenkt und

---

14 Peter Urban merkt zu dieser Stelle des von ihm übersetzten Puschkinschen Reiseberichts (»Aleksandr Puškin: Die Reise nach Arzrum während des Feldzuges des Jahres 1829«. Herausgegeben und aus dem Russischen übersetzt von Peter Urban. Friedenauer Presse, Berlin 1998, 111) an, hier liege laut Vejdenbaum (E. G. Vejdenbaum, Kavkasskaja pominka o Puškine, Tiflis 1849) ein Irrtum Puškins vor, da von Gumry (1837 umbenannt in Aleksandropol, während der Sowjetherrschaft in Leninakan) aus – die von Dutli geschilderte Szene hat sich gemäß Puškins Bericht eben dort abgespielt (s. Urban, op. cit., 49) – nicht der Ararat (5.165 m hoch und ca. 125 km entfernt) zu sehen sei, sondern der Aragaz (4.090 m hoch und ca. 40 km entfernt).

ihn aus einer fünfjährigen Stummheit als Lyriker erlöst hat, im Handgepäck Mandelštams »Die Reise nach Armenien« und seinen Gedichtzyklus »Armenien«. In meinen Reisenotizen findet sich neben der Feststellung »es war eine Reise in ein mir sehr vertrautes Land, vertraut durch Mandelštams Prosatexte und seine Gedichte« die Bemerkung »in diesem archaischen, verkarsteten, steinreichen Land ist es mir, als sprächen die Steine zu mir.«

Im Folgenden werden nun Mandelštams in Tbilisi/Tiflis geschriebene Gedichte, u. a. der Gedichtzyklus »Armenien«, sowie weitere vom armenischen Thema durchzogene Gedichte Mandelštams sowohl im russischen Originaltext als auch in eigenen Übersetzungen als »Deutungsvorschläge«[15] wiedergegeben. Bei diesen habe ich mich um eng am Text des Originals angelehnte Wort- und Sinntreue unter Verzicht auf eine Nachbildung der Mandelštamschen Vorlage – hinsichtlich Rhythmus, Melodie und Reim – bemüht. Die beigefügten Notizen (s. S. 81-119) zu jedem der hier wiedergegebenen Gedichte mögen einen weiteren Beitrag zum Verständnis der Gedichte leisten. Hier finden sich auch Hinweise auf weitere »Deutungsvorschläge« durch Ralph Dutli und Felix Philipp Ingold.[16] – Die Tanskription

---

15 Zur grundsätzlichen Problematik der Übersetzung fremdsprachiger Texte äußert sich Rolf-Dietrich Keil im Nachwort zu der von ihm herausgegebenen (zweisprachigen) Ausgabe von nahezu sechshundert Gedichten Aleksandr Puškins und der hervorragenden, ingeniösen Übertragungen ins Deutsche durch Michael Engelhardt (Insel Verlag, Frankfurt am Main und Leipzig 1999, 976) wie folgt: »Nach einer oft wiederholten Erkenntnis ist jede Übersetzung an sich schon eine Interpretation. Die Interpretation des Lesers wäre dann schon eine Deutung zweiten Grades. Wer sich um seriöse Deutung bemüht, sei gleich auf das Original verwiesen. Die zweisprachige Ausgabe gibt ihm den Text mit einem Deutungsvorschlag, ohne ihn auf Variante zu verpflichten. Die einsprachige Ausgabe bietet nur den Vorschlag, der hier nicht weiter überprüfbar ist. Damit muß sich der des Russischen unkundige Leser ebenso zufriedengeben wie der Bibelleser, der nicht Hebräisch oder Griechisch kann.«

16 »Ossip Mandelstam: Armenien, Armenien – Prosa, Notizbuch, Gedichte 1930-1933«, aus dem Russischen übertragen und herausgegeben von Ralph Dutli. Ammann Verlag & Co., Zürich 1994. »Ossip Mandelstam: Das zweite Leben, Späte Gedichte und Notizen«, aus dem Russischen übersetzt und herausgegeben von Felix Philipp Ingold, Carl Hanser Verlag, München/Wien 1991.

russischer Namen, Buchtitel und sonstiger russischer Wörter folgt den Regeln der sogenannten wissenschaftlichen, international in der Slavistik üblichen Umschrift.

Jörn Steinberg

GEDICHTE

Куда как страшно нам с тобой
Товарищ большеротый мой!

Ох, как крошится наш табак,
Щелкунчик, дружок, дурак!

А мог бы жизнь просвистать скворцом,
Заесть ореховым пирогом –

Да, видно, нельзя никак …

Und wie wir beide Angst haben,
meine breitmundige Genossin!

Ach, wie zerbröckelt ist unser Tabak,
Nußknacker, Freundchen, Dummköpfchen!

Ach könnte das Leben wie Stare vorbeifliegen,
den üblen Nachgeschmack mit Nußkuchen beseitigen –

Offensichtlich ist es völlig unmöglich ...

Oktober 1930

Цикл стиов «Армения»

> Как бык шестикрылый и грозный
> Здесь людям является труд,
> И, кровью набухнув венозной,
> Предзимние розы цветут.

I

Ты розу Гафиза колышешь
И нянчишь зверушек-детей,
Плечьми осьмигранными дышишь
Мужицких бычачьих церквей.

Окрашена охрою хриплой,
Ты вся далеко за горой,
А здесь лишь картинка налипла
Из чайного блюдца с водой.

GEDICHTZYKLUS »ARMENIEN«
16. Oktober – 5. November 1930

> Wie ein sechsflügeliger und drohender Stier
> ist hier den Menschen die Arbeit
> und, angeschwollen von venösem Blut,
> erblühen vorwinterliche Rosen.

I

Du wiegst die Rose des Hafis
und umsorgst die Tierjungen,
und atmest mit den achtkantigen Schultern
grober Stierkirchen.

Gefärbt von heiserem Ocker
bist du noch weit hinterm Berg,
und hier ist nur ein Bildchen kleben geblieben
aus dem Teeschälchen mit Wasser.

II

Ты красок себе пожелала –
И выхватил лапой своей
Рисующий лев из пенала
С полдюжины карандашей.

Страна москательных пожаров
И мертвых гончарных равнин,
Ты рыжебородых сардаров
Терпела средь камней и глин.

Вдали якорей и трезубцев,
Где жухлый почил материк,
Ты видела всех жизнелюбцев,
Всех казнелюбивых владык.

И, крови моей не волнуя,
Как детский рисунок просты,
Здесь жены проходят, даруя
От львиной своей красоты.

Как люб мне язык твой зловещий,
Твои молодые гроба,
Где буквы – кузнечные клещи,
И кажгдое слово – скоба...

II

Du hast dir Farben gewünscht –
und herausgerissen mit seiner Pfote
hat sie der malende Löwe aus dem Federkasten
von einem Halbdutzend von Buntstiften.

Land von Farben-Feuerbrünsten
und toter Lehmebenen,
du hast die rotbärtigen Serdaren
erduldet inmitten von Steinen und Lehmen.

Fern von Ankern und Dreizacken,
wo das vertrocknete Festland ruht,
hast Du all die Lebensgenießer gesehen,
all die Hinrichtungen liebenden Herrscher.

Und, mein Blut nicht erregend,
schlicht wie ein Kinderbild,
gehen hier die Frauen vorbei und verschenken
ihre Löwinnenschönheit.

Wie teuer ist mir deine unheilverkündende Sprache,
deine jungen Gräber,
wo Buchstaben Schmiedezangen sind
und jedes Wort ein Haltegriff...

21. Oktober 1930

III

Ах, ничего я не вижу, и бедное ухо оглохло,
Всех-то цветов мне осталось – лишь сурик
                               да хриплая охра,
И почему-то мне начало утро армянское сниться,
Думал – возьму посмотрю, как живет в Эриване
                               синица,
Как нагибается булочник, с хлебом играющий
                               в жмурки,
Из очага вынимает лавашные влажные шкурки...

Ах, Эривань, Эривань! Иль птица тебя рисовала,
Или раскрашивал лев, как дитя, из цветного пенала?

Ах, Эривань, Эривань! Не город – орешек каленый,
Улиц твоих большеротых кривые люблю вавилоны.

Я бестолковую жизнь, как мулла свой коран,
                               замусолил,
Время свое заморозил и крови горячей не пролил,

Ах, Эривань, Эривань, ничего мне больше не надо,
Я не хочу твоего замороженного винограда!

III

Ach, ich sehe nichts mehr, und das arme Ohr ist taub geworden,
von all den Farben ist mir nur Mennige und
                                heiserer Ocker geblieben.
Und aus irgendeinem Grunde fing der armenische Morgen an,
                       mir im Traum zu erscheinen,
und ich dachte, will doch man sehen, wie eine Meise in Erivan
                                            lebt,
Wie ein mit dem Brot Verstecken spielender Bäcker sich bückt,
aus dem Ofen feuchte Lavasch-Fladen herauszieht ...

Ach, Erivan, Erivan! Oder hat dich ein Vogel gezeichnet,
oder ein Löwe dich – wie ein Kind – aus einem Malkasten angemalt?

Ach, Erivan, Erivan! Bist keine Stadt – ein geröstetes Nüßchen.
Deine krummen, breitmäuligen, babylonischen Straßen liebe ich.

Ich habe das unverständliche Leben abgegriffen, wie ein Mullah
                                          seinen Koran,
habe meine Zeit eingefroren und heißes Blut nicht vergossen.

Ach, Erivan, Erivan, nichts mehr brauche ich,
deinen eingefrorenen Wein mag ich nicht!

                                                    16. Oktober 1930

IV

Закутав рот, как влажную розу
Держа в руках осьмигранные соты,
Всё утро дней на окраине мира
Ты простояла, глотая слезы.

И отвернулась со стыдом и скорбью
От городов бородатых Востока –
И вот лежишь на москательном ложе,
И с тебя снимают посмертную маску.

IV

Den Mund verhüllt, wie eine feuchte Rose,
in den Händen achtkantige Waben haltend,
den ganzen Morgen der Tage am Rande der Welt
hast du überdauert und Tränen geschluckt.

Und hast dich abgewandt vor Scham und Trauer
von den bärtigen Städten des Ostens –
und man nimmt dir die Totenmaske ab.

25. Oktober 1930

V

Руку платком обмотай и в венценосный шиповник,
В самую гущу его целлулоидных терний,
Смело, до хруста, ее погрузи…
Добудем розу без ножниц!
Но смотри, чтобы он не осыпался сразу –
Розовый мусор – муслин – лепесток соломоновый –
И для шербета негодный дичок,
Не дающий ни масла, ни запаха.

V

Umwickle die Hand mit dem Tuch und in ein bekröntes Gesträuch,
in das stärkste Dickicht seiner zelluloiden Dornen
mutig, bis zum Knirschen tauche sie ein ...
Pflücken wir die Rose ohne Schere!
Aber paß auf, daß sie nicht sofort die Blätter verlieren –
rosiger Kehricht – Musselin – Salomons Blütenblatt –
und für Scherbet ungeeigneter Wildling,
der weder Öl noch Duft gibt.

VI

Орущих камней государство –
Армения, Армения!
Хриплые горы к оружью зовущая –
Армения, Армения!
К трубам серебряным Азии вечно летящая –
Армения, Армения!!
Солнце персидские деньги щедро раздаривающая –
Армения, Армения!

VI

Staat der schreienden Steine –
Armenien, Armenien!
Die heiseren Berge zu den Waffen aufrufendes –
Armenien, Armenien!
Zu den Silberposaunen Asiens ewig hinfliegendes –
Armenien, Armenien!
Persisches Sonnengeld großzügig verschenkendes –
Armenien, Armenien!

VII

Не развалины – нет! – но порубка могучего
                              циркульного леса,
Якорные пни поваленных дубов звериного
                            и басенного христианства,
Рулоны каменного сукна на капителях – как товар
                         из языческой разграбленной лавки,
Виноградины с голубиное яйцо, завитки бараньих
                                   рогов
И нахохленные орлы с совиными крыльями,
                еще не оскверненные Византией.

VII

Nicht Ruinen – nein! – aber ein Einschlag in einem mächtigen
                                              Zirkelwald,
Ankerstümpfe umgeworfener Eichen
                        einer Tier- und Fabelchristenheit,
Rollen steinernen Tuches auf Kapitellen – wie die Ware
                  aus einem ausgeraubten heidnischen Laden,
Weinbeeren wie ein Taubenei, Spiralen von Schafshörnern
und Federn sträubender Adler mit Eulenflügeln,
                            noch unbesudelt von Byzanz.

VIII

Холодно розе в снегу:
   на Севане снег в три аршина...
   Вытащил горный рыбак расписные лазурные сани,
Сытых форелей усатые морды
   несут полицейскую службу
   на известковом дне.

А в Эривани и в Эчмиадзине
   весь воздух выпила огромная гора,
   Ее бы приманить какой-то окариной
Иль дудкой приручить, чтоб таял снег во рту.

Снега, снега, снега на рисовой бумаге,
   Гора плывет к губам.
   Мне холодно. Я рад...

VIII

Kalt ist's der Rose im Schnee:
  Auf dem Sewan drei Arschin Schnee...
  Ein Bergfischer zog einen bemalten azurblauen Schlitten heraus.
  Schnurrbärtige Mäuler satter Forellen
  üben den Polizeidienst aus
  auf kalkigem Seegrund.

Aber in Erivan und in Etschmiadsin
  hat ein riesiger Berg die ganze Luft ausgetrunken;
  man müßte ihn mit irgendeiner Okarina locken
  oder mit einer Hirtenflöte zähmen, damit der Schnee im Mund taut.

Schnee, Schnee, Schnee auf Reispapier.
  Der Berg schwimmt an die Lippen.
  Mir ist kalt. Ich bin froh...

IX

О порфирные цокая граниты,
Спотыкается крестьянская лошадка,
Забираясь на лысый цоколь
Государственного звонкого камня.
А за нею с узелками сыра,
Еле дух переводя, бегут курдины,
Примирившие дьявола и бога,
Каждому воздавши половину.

IX

Auf purpurfarbenen Graniten klickend,
strauchelt das Bauernpferdchen,
klettert auf den kahlen Sockel
aus staatlichem klingenden Gestein.
Und hinter ihm mit Käsebündeln
laufen, kaum verschnaufend, Kurden,
die Satan und Gott versöhnt haben
und jedem die Hälfte gaben.

24. Oktober 1930

X

Какая роскошь в нищенском селеньи
Волосяная музыка воды!
Что это? Пряжа? Звук? Предупрежденье?
Чур-чур меня! Далёко ль до беды!

И в лабиринте влажного распева
Такая душная стрекочет мгла,
Как будто в гости водяная дева
К часовщику подземному пришла.

X

Welch eine Pracht in dem armseligen Dorf –
haarfeine Musik des Wassers!
Was ist das? Ein Garn? Ein Klang? Eine Warnung?
Rühr mich nicht an! Wie schnell ist es geschehen!

Und im Labyrinth des feuchten Gesangs
zirpt solch ein schwüler Dunst,
als sei zu Besuch die Wasserjungfrau
zum Untertage-Uhrmacher gekommen.

XI

Я тебя никогда не увижу,
Близорукое армянское небо,
И уже не взгляну, прищурясь,
На дорожный шатер Арарата,
И уже никогда не раскрою
В библиотеке авторов гончарных
Прекрасной земли пустотелую книгу,
По которой учились первые люди.

XI

Ich werde dich niemals wieder sehen,
kurzsichtiger armenischer Himmel,
und ich werde auch nicht mehr mit zusammengekniffenen Augen
auf das Reisezelt des Ararat schauen,
und nie mehr werde ich öffnen
in der Bibliothek der Töpfer-Autoren
das hohle Buch der herrlichen Erde,
aus dem die ersten Menschen gelernt haben.

XII

Лазурь да глина, глина да лазурь.
Чего ж тебе еще? Скорей глаза сощурь,
Как близорукий шах над перстнем бирюзовым, –
Над книгой звонких глин, над книжною землей,
Над гнойной книгою, над глиной дорогой,
Которой мучимся, как музыкой и словом.

XII

Azur und Lehm, lehmbraun und azurblau.
Was willst du denn mehr? Kneif schnell die Augen zusammen,
wie ein kurzsichtiger Schah über einem Türkisring, –
über dem Buch der tönenden Lehme, über der Büchererde,
über dem Eiter-Buch, über dem wertvollen Lehm,
von dem wir gequält werden, wie von Musik und vom Wort.

16. Oktober – 5. November 1930

На полицейской бумаге верже
Ночь наглоталась колючих ершей.
Звезды живут – канцелярские птички, –
Пишут и пишут свои раппортички.

Сколько бы им ни хотелось мигать,
Могут они заявленье подать –
И на мерцанье, писанье и тленье
Возобновляют всегда разрешенье.

Auf hochfeinem Polizeipapier
hat die Nacht stachliges Getier verschluckt.
Die Sterne leben – Kanzleivögel –,
schreiben und schreiben ihre Rappörtchen.

Soviel sie auch flackern mögen,
können sie das Gesuch doch weiterreichen –
und für ihr Geflimmer, Geschreibsel, ihre Verwesung
erneuert man die Genehmigung immer wieder.

Oktober 1930

Не говори никому,
Всё, что ты видл, забудь –
Птицу, старуху, тюрьму
Или еще что-нибудь…

Или охватит тебя,
Только уста разомкнешь,
При наступлении дня
Мелкая хвойная дрожь.

Вспомнишь на даче осу,
Детский чернильный пенал,
Или чернику в лесу,
Что никогда не сбирал.

Sage es keinem,
alles, was du gesehen hast, vergiß –
den Vogel, die Greisin, das Gefängnis
oder sonst noch etwas…

Oder befällt dich,
wenn du nur die Lippen öffnest,
beim Tagesanbruch
ein leichter nadeliger Schauer.

Erinnere dich an die Wespe auf der Datscha,
an den Kinder-Tintenfederkasten,
oder an die Blaubeere im Wald,
die ich niemals gepflückt habe.

Oktober 1930

Колючая речь Араратской долины,
Дикая кошка – армянская речь,
Хищный язык городов глинобитных,
Речь голодающих кирпичей.

А близорукое шахское небо –
Слепорожденная бирюза –
Всё не прочтет пустотелую книгу
Черной кровью запекшихся глин.

Die dornige Sprache des Ararat-Tals,
eine Wildkatze, das ist die armenische Sprache,
die Räubersprache lehmgestampfter Städte,
die Sprache hungernder Ziegel.

Und der kurzsichtige Schah-Himmel,
ein blindgeborener Türkis,
wird niemals das hohlleibige Buch
der mit schwarzem Blut braun gebackenen Lehme lesen.

Oktober 1930

Как люб мне натугой живущий,
Столетьем считающий год,
Рожающий, спящий, орущий,
К земле привожденный народ.

Твое пограничное ухо –
Все звуки ему хороши,
Желтуха, желтуха, желтуха
В проклятой горчичной глуши!

Welche Freude macht mir ein unter Anstrengungen lebendes,
ein Jahr für ein Jahrhundert zählendes,
gebärendes, schlafendes, schreiendes,
an die Erde festgenageltes Volk.

Dein Grenzraum-Ohr –
alle Klänge sind ihm gut,
Gelbfieber, Gelbfieber, Gelbfieber
in der verfluchten senfgelben Einöde!

Oktober 1930

Дикая кошка – армянская речь
Мучит меня и царапает ухо.
Хоть на постели горбатой прилечь –
О, лихорадка, о, злая моруха!

Падают вниз с потолка светляки,
Ползают мухи по липкой простыне,
И марширует повзводно полки
Птиц голенастых по желтой равнине.

Страшен чиновник – лицо как тюфяк,
Нету его ни жалчей, ни нелепей.
Командированный – мать твою так! –
Без подорожной в армянские степи.

Пропадом ты пропади, говорят,
Сгинь ты навек, чтоб ни слуху, ни духу, –
Старый повытчик, награбив деньжат
Бывший гвардеец, замыв оплеуху.

Грянет ли в двери знакомое: «Ба!
Ты ли, дружище?» Какая издевка!
Долго ль еще нам ходить по гроба,
Как по грибы деревенская девка?...

Были мы люди, а стали людьё,
И суждено – по какому разряду? –
Нам роковое в груди колотье
Да эрзерумская кисть винограду.

Eine Wildkatze, Armeniens Sprache,
quält mich und zerkratzt mein Ohr.
Auch wenn man sich auf dem verbogenen Bett ein bißchen hinlegt:
O Fieberbrand, o bösartige Sonnenglut!

Leuchtkäfer fallen von der Decke herab,
Fliegen krabbeln auf klebrigem Laken
und zugweise marschieren Regimenter
langbeiniger Vögel durch die gelbe Ebene.

Schrecklich ist der Funktionär – ein Gesicht wie eine Schlafmütze,
es gibt nichts Kläglicheres, Unsinnigeres.
Abkommandiert – verrecken sollst du! –
ohne Reiseorder in die armenischen Steppen.

Man sagt ihm, du, scher dich zum Teufel,
verschwinde für immer, spurlos,
alter Eintreiber, der die Gelder zusammmengeraubt hat,
früherer Gardist, der die Ohrfeige weggewischt hat.

Von der Tür her dröhnt Vertrautes: »Heh!
Bist du es, Freundchen?« Welch böswilliger Spott!
Müssen wir noch lange nach Gräbern suchen,
wie ein Bauernmädchen nach Pilzen.

Wir waren Menschen und wurden Pack,
und beschieden – nach welcher Einstufung? –
ist uns der verhängnisvolle stechende Schmerz in der Brust
und dem Weinstock die Erzerumer Traube.

Oktober 1930

И по-звериному воет людьё,
И по-людски куролесит зверьё...
Чудный чиновник без подорожной,
Командированный к тачке острожной, –
Он Черномора пригубил питье
В кислой корчме на пути к Эрзеруму.

Und tierisch streitet sich das Menschenpack,
und ganz menschlich machen wilde Tiere tolle Streiche.
Ein prächtiger Gesandter ohne Reiseschein,
abkommandiert zum Gefängniskarren, –
nippte er am Trank des Tschernomor
in der verdrießlich stimmenden Schenke auf dem Weg nach Erzerum.

Oktober 1930

КАНЦОНА

Неужели я увижу завтра –
Слева сердце бьется – слава, бейся! –
Вас, банкиры горного ландшафта,
Вас, держатели могучих акций гнейса?

Там зрачок профессорский орлиный, –
Египтологи и нумизматы –
Это птицы сумрачно-хохлатые
С жестким мясом и широкою грудиной.

То Зевес подкручивает с толком
Золотыми пальцами краснодеревца
Замечательные луковицы-стекла –
Прозорливцу дар от псалмопевца.

Он глядит в бинокль прекрасный Цейсса –
Дорогой подарок царь-Давида,
Замечает все морщины гнейсовые,
Где сосна иль деревушка-гнида.

Я покину край гипербореев,
Чтобы зреньем напитать судьбы развязку,
Я скажу «селá» начальнику евреев
За его малиновую ласку.

KANZONE

Werde ich euch wirklich morgen sehen –
links schlägt das Herz – kämpf um diesen Ruf! –,
euch Bankiers der Berglandschaft,
euch, Besitzer der starken Aktien des Gneises.

Dort ist die Pupille des Professors adlergleich –
Ägyptologen und Numismatiker –
das sind schmucklose Federhauben-Vögel
mit zähem Fleisch und breitem Bruststück.

So dreht Zeus meisterhaft und leicht
mit goldenen Kunsttischlerfingern
schöne Zwiebelgläser –
dem Seher ein Geschenk des Psalmensängers.

Er schaut durch das herrliche Zeiß-Fernglas
(ein kostbares Geschenk von König David),
nimmt alle Gneis-Falten wahr,
wo es Kiefern oder Schurken-Dörfchen gibt.

Ich verlasse das Gebiet der Hyperboreer,
um mit der Sehkraft den Ausgang des Schicksals zu sättigen,
ich sage »Selah« zum Meister der Juden
für seine himbeerrote zarte Geste.

Край небритых гор еще неясен,
Мелколесья колется щетина,
И свежа, как вымытая басня,
До оскомины зеленая долина.

Я люблю военные бинокли
С ростовщичерскою силой зренья.
Две лишь краски в мире не поблекли:
В желтой – зависть, в красной – нетерпенье.

Das Gebiet der unrasierten Berge ist noch verschwommen,
die Borste des Gehölzes ist stachelig
und frisch, wie eine ausgewaschene Fabel,
bis zur Abstumpfung ist das grüne Tal.

Ich liebe Armee-Ferngläser
mit wucherischer Sehkraft.
Zwei Farben nur sind in der Natur nicht verblaßt:
In der gelben ist es der Neid, in der roten ist es die Ungeduld.

26. Mai 1931

ФАЭТОНЩИК

На высоком перевале
В мусульманской стороне
Мы со смертью пировали –
Было страшно, как во сне.

Нам попался фаэтонщик,
пропеченный, как изюм, –
Словно дьявола поденщик,
Односложен и угрюм.

То гортанный крик араба,
То бессмысленное «цо» –
Словно розу или жабу,
Он берег свое лицо.

Под кожевенною маской
Скрыв ужасные черты,
Он куда-то гнал коляску
До последней хрипоты.

И пошли толчки, разгоны,
И не слезть было с горы –
Закружились фаэтоны,
Постоялые дворы…

DER PHAËTON-KUTSCHER

Auf dem hohen Gebirgspaß,
auf der muselmanischen Seite,
tafelten wir mit dem Tod –
schrecklich war es, wie im Traum.

Wir gerieten an einen Phaëteon-Kutscher,
ausgetrocknet, wie eine Rosine, –
wie ein Viehtreiber des Teufels,
einsilbig und mürrisch.

Mal der gutturale Schrei eines Arabers,
dann ein sinnloses »zo« –
wie eine Rose oder eine Kröte
behütete er sein Gesicht.

Unter einer Ledermaske
schreckliche Gesichtszüge verborgen,
jagte er die Kutsche hin
bis zu äußerster Heiserkeit.

Los ging's mit Stößen und Gezerre
und bergab gab es keinen Ausstieg –
Kutschen drehten sich im Kreise,
Ausspann-Höfe ...

Я очнулся: стой, приятель!
Я припомнил – черт возьми!
Это чумный председатель
Забудился с лошадьми!

Он безносой канителью
Правит, душу веселя,
Чтоб вертелась каруселью
Кисло-сладкая земля...

Так в Нагорном Карабахе,
В хищном городе Шуше
Я изведал эти страхи,
Соприродные душе.

Сорок тысяч мертвых окон
Там видны со всех сторон,
И труда бездушный кокон
На горах похоронен.

И бесстыдно розовеют
Обнаженные дома,
А над ними неба мреет
Темно-синяя чума.

Ich kam wieder zu mir: halt an, Freund!
Ich erinnerte mich – hol's der Teufel! –
Dieser Pest-Vorsitzende
hat sich mit den Pferden verirrt!

Mit nasenlosem Stumpfsinn
lenkt er, seine Seele erheiternd,
damit sich die süßsaure Erde
wie ein Karussell drehe ...

Derart, in Berg-Karabach,
in der Räuberstadt Schuschá,
erfuhr ich diese Ängste,
die der Seele vertraut sind.

Vierzigtausend tote Fenster
sind dort von allen Seiten zu sehen,
und der leblose Kokon der Arbeit
ist in den Bergen beigesetzt.

Und schamlos färben sich
entblößte Häuser rosarot,
und über ihnen verdunkelt sich
die dunkelblaue Pest des Himmels.

12. Juni 1931

Как народная громада,
Прошибая землю в пот,
Многоярусное стадо
Пропыленною армадой
Ровно в голову плывет:

Телки с нежными боками
И бычки-баловники,
А за ними – кораблями –
Буйволицы с буйволами
И священники-быки.

Wie ein riesiger Koloß,
während der Erde der Schweiß aus allen Poren bricht,
schwimmt eine vielrangige Herde
als eine verstaubte Armada
geradewegs in meinen Blick:

Kälber mit zarten Flanken
und sich balgende Jungstiere,
und nach ihnen – als Schiffe –
Büffelkühe mit Büffeln
und Priester-Bullen.

Juni 1931

ОТРЫВКИ УНИЧТОЖЕННЫХ СТИХОВ

I

В год тридцать первый от рожденья века
Я возвратился, нет – читай: насильно
Был возвращен в буддийскую Москву.
А перед тем я все-таки увидел
Библейской скатертью богатый Арарат
И двести дней провел в стране субботней,
Которую Арменией зовут.
Захочешь пить – там есть вода такая
Из курдского источника Арзни,
Хорошая, колючая, сухая
И самая прадивая вода.

FRAGMENTE AUS VERNICHTETEN GEDICHTEN

I

Im einunddreißigsten Jahr seit der Geburt des Jahrhunderts
kehrte ich, – nein lies: wurde ich gewaltsam
zurückgebracht ins buddhahafte Moskau.
Doch davor habe ich trotzdem noch erblickt
den an biblischem Tischtuch reichen Ararat
und habe zweihundert Tage im Sabbatland verbracht,
das man Armenien nennt.
Wenn du trinken willst, dort gibt es solch ein Wasser
aus der kurdischen Arsni-Quelle,
gutes, prickelndes, trockenes
und das wahrhaftigste Wasser.

12. Juni 1931

II

Уж я люблю московские законы,
Уж не скучаю по воде Арзни.
В Москве черемухи да телефоны,
И казнями там имениты дни.

II

Schon liebe ich die Moskauer Gesetze.
Schon sehne ich mich nicht mehr nach dem Wasser des Arsni.
In Moskau gibt es Faulbeerbäume und Telephone,
und die Tage dort sind durch Hinrichtungen berühmt.

6. Juni 1931

III

Захочешь жить, тогда глядишь с улыбкой
На молоко с буддийской синевой,
Проводишь взглядом барабан турецкий,
Когда обратно он на красных дрогах
Несется вскачь с гражданских похорон,
Иль встретишь воз с поклажей из подушек
И скажешь: гуси-лебеди, домой!

Не разбирайся, щелкай, милый кодак,
Покуда глаз – хрусталик кравчей птицы,
А не стекляшка! Больше светотени!
Еще, еще! – Сетчатка голодна!

III

Wenn du leben willst, dann schau mit einem Lächeln
auf die Milch von buddhistischer Bläue,
begleite mit einem Blick die Türkentrommel,
wenn sie auf dem roten Leichenwagen auf dem Rückweg von einem
bürgerlichen Begräbnis im Galopp erschallt,
oder wenn du das Fuhrwerk mit der Kissenfracht siehst
und sagst: Schwanengänse, ab nach Haus!

Denk' nicht lange nach, klicke, liebe Kodak,
solange das Auge das Kristallgläschen des Mundschenks eines
                                                                               Vogels ist,
und nicht ein Stückchen Glas! Mehr Hell-und-Dunkel!
Mehr noch, mehr! – Die Netzhaut ist hungrig!

6. Juni 1931

IV

Я больше не ребенок!
                    Ты, могила,
Не смей учить горбатого – молчи!
Я говорю за всех с такою силой,
Чтоб нёбо стало небом чтобы губы
Потрескались, как розовая глина.

IV

Ich bin kein Kind mehr!
       Du, Grab,
wage nicht, den Buckligen zu belehren – schweig!
Ich spreche für alle mit solcher Kraft,
damit der Gaumen zum Himmel wird,
damit die Lippen bersten, wie rosa Lehm.

6. Juni 1931

NOTIZEN ZUM INHALT DER GEDICHTE OSIP MANDELŠTAMS

Literaturverzeichnis und Verzeichnis der in den Notizen verwendeten Abkürzungen:

RD Armenien Ossip Mandelstam: Armenien, Armenien – Prosa, Notizbuch, Gedichte 1930-1933, aus dem Russischen übertragen und herausgegeben von Ralph Dutli, Ammann Verlag & Co., Zürich 1994.

RD Moskau Ossip Mandelstam: Mitternacht in Moskau – Die Moskauer Hefte, Gedichte 1930-1934, aus dem Russischen übertragen und herausgegeben von Ralph Dutli, Ammann Verlag AG, Zürich 1986.

RD Woronesch Ossip Mandelstam: Die Woronescher Hefte – Letzte Gedichte 1935-1937, aus dem Russischen übertragen und herausgegeben von Ralph Dutli, Ammann Verlag AG, Zürich 1996.

RD Essays I/II Ossip Mandelstam: Über den Gesprächspartner – Gesammelte Essays in zwei Bänden (1923-1924), aus dem Russischen übertragen und herausgegeben von Ralph Dutli, Ammann Verlag AG, Zürich 1996.

RD Prosa	Ossip Mandelstam: Das Rauschen der Zeit – Gesammelte »autobiographische« Prosa der 20er Jahre, aus dem Russischen übertragen und herausgegeben von Ralph Dutli, Ammann Verlag AG, Zürich 1985 (2. durchgesehene Auflage 1991).
RD Luftgrab	Ossip Mandelstam: Im Luftgrab – Ein Lesebuch mit Beiträgen von Paul Celan, Joseph Brodsky, Pier Paolo Pasolini, Philippe Jaccottet, herausgegeben von Ralph Dutli, Amman Verlag AG Zürich 1988.
FPI	Ossip Mandelstam: Das zweite Leben, Späte Gedichte und Notizen, aus dem Russischen übersetzt und herausgegeben von Felix Philipp Ingold, Carl Hanser Verlag, München/Wien 1991.
PSS	Osip Mandelštam: Polnoe sobranie stichotvoreni / Vstup. st. M. L. Gasparova i A. G. Meca; Sost., podgot. teksta i primeč. A. G. Meca // Vollständige Sammlung der Gedichte / einleitende Artikel von M. L. Gasparov und G. Mec; Zusammenstellung, Vorbereitung des Textes und Kommentare von G. Mez // «Akademičeski proekt (Novaja biblioteka poeta)», St. Petersburg 1997 (Die russischen Gedichttexte dieser Mandelštam-Ausgabe wurden in der vorliegenden Arbeit übernommen).

ŽTV	Žizn i tvorčestvo O. E. Mandelštama: Vospominanija. Materialy k biografii. «Novye stichi. Kommentari. Isledovanija» // Leben und Werk von O. E. Mandelštam: Erinnerungen. »Neue Gedichte. Kommentare. Untersuchungen« // Redaktory: O. E. Makarova, I. E. Charitončik. Izdatelstvo Voronežskogo universiteta, Voronež 1990.
MN	Osip Mandelštam: Stichotvorenija, perevody, očerki, stati // Gedichte, Übersetzungen, Essays, Artikel // herausgegeben von G. G. Margvelašwili und P. M. Nerler, Tbilisi 1990.
PRA	Aleksandr Puškin: Die Reise nach Arzrum während des Feldzugs des Jahres 1829. Herausgegeben und aus dem Russischen übersetzt von Peter Urban. Friedenauer Presse, Berlin 1998.

Vorbemerkungen zu den nachfolgenden Notizen:

Die in den nachfolgenden Notizen erläuterten, kursiv und fett geschriebenen Stichworte beziehen sich auf die entsprechenden Textstellen meiner Übersetzung. In Zitaten aus anderen Quellen werden, wenn dies geboten erscheint, zitierte Gedichttitel und -ausschnitte durch die eigenen Übersetzungen ersetzt; diese werden hier durch Unterstreichung gekennzeichnet.

S. 21 *Und wie wir beide Angst haben:*
Zu dem an Nadežda Mandelštam (*in den nachfolgenden Notizen mit NM abgekürzt*) gerichteten Gedicht merkt diese selbst an (NM's «Kommentarii k sticham 1930-1937 gg.» // Kommentare zu den Gedichten von 1930-1937 // in ŽTV, 191): »O. M. las mir dieses Gedicht nach den anderen aus ›Armenien‹ vor, sagte aber, daß es als erstes gekommen sei und ›ihn erweckt‹ habe.«

Breitmundige Genossin: NM merkt zu dem Stichwort an (s. op. cit., 191): »In Suchumi auf der Datscha von Ordžonikidze [*JSt: einem Erholungsheim des Ministerrates der Georgischen SSR, wo die Mandelštams sechs Wochen auf ihre Reisepapiere für Armenien gewartet hatten*] nannten die Ehefrauen ihre Männer Genosse, und ich amüsierte mich über sie. – Warum spielen sie immer noch Untergrund? O. M. sagte mir damals, daß uns dies eher zustünde als ihnen.«

Ralph Dutli (*in den nachfolgenden Notizen mit RD abgekürzt*) merkt an (RD Moskau, 220), daß der breite Mund Nadeždas häufig Gegenstand zärtlich-neckenden Spotts von Seiten Osip Mandelštams (in den nachfolgenden Notizen mit OM abgekürzt) gewesen sein soll (vgl. auch *Nußknacker*).
Tabak: NM merkt hierzu an (op. cit., 191f.), der damals in der Sowjetunion beginnende Hunger des ersten Fünfjahresplanes sei in Tiflis im Gegensatz zu Moskau zunächst nicht zu bemerken gewesen. Dann seien aber u. a. auch Papirossy vom Markt verschwunden. Die dann angebotenen Tabake seien von minderer Qualität gewesen, »nicht die hervorragenden Kaukasus-Tabake, sondern Ausschußtabake und vertrocknete – sie zerbröckelten tatsächlich.«
Dummköpfchen: NM merkt hierzu an (op. cit., 192), die Literaturwissenschaftlerin L. Ja. Ginsburg habe sich darüber gewundert, daß dieses Gedicht an sie, an NM, gerichtet seil, weil OM hier das Wort *durák*, das männlichen Geschlechts ist [*JSt: von mir mit »Dummköpfchen« übersetzt*], verwendet habe und nicht das weibliche Pendant *dúra*. NM weiter: »Das ist naiv, *dúra* an eine Frau gerichtet, ist ein grobes Wort, *durák* aber ein eindeutig zärtliches...«
Nußkuchen: NM merkt zu dem Stichwort an (op. cit., 191), am 30. September, an ihrem Namenstag, den sie immer gefeiert hätten, habe ihre Tante ihr in Tiflis eine selbstgebackene Nußtorte ins Hotel »Orient« gebracht, in dem sie gelebt hätten.
Andere »Deutungsvorschläge«: RD Moskau, 7; FPI, 34.

S.23-45   »*Armenien*«*-Zyklus:*
Die zwölf Gedichte des »Armenien«-Zyklus wurden erstmalig veröffentlicht in der Moskauer Zeitschrift «Novy mir» Nr. 3, 1931, und wurden im russischen Sprachraum erst 35 Jahre später in der Erivaner Zeitschrift «Literaturnaja Armenija» Nr. 1, 1996, wieder veröffentlicht,

zusammen mit einem Vierzeiler als Autoepigraph (so auch in der vorliegenden Arbeit). NM merkt zu dem Zyklus an (s. ihre »Kommentare zu den Gedichten von 1930-1937« in ŽTV, 193): »Das ist eine Komposition, bestehend aus zwölf Gedichten, in sich geschlossen... Andere Verse über Armenien gehören nicht zu ihm. In der amerikanischen Ausgabe [*JSt: NM meint vermutlich die zweibändige 19164-1966 in New York und Washington erschienene Ausgabe des Mandelštamschen Werkes von G. P. Struve und B. A. Filipoff:* «*Osip Mandelštam – Sobranie sočinenii*»] sind noch andere Gedichte der gleichen Zeit eingefügt. Das darf man nicht tun: die Form des Ganzen ist nicht zufällig. Man muß das dreizehnte Gedicht, von O. M. als Epigraph genommen und von der Zensur gestrichen, wieder einsetzen.« Wenige Seiten später (s. ŽTV, S. 195) schreibt NM freilich: »Ich denke, daß ›Armenien‹ (12 Gedichte) nicht allein den Armenien-Zyklus darstellt, sondern alle Tifliser Gedichte (›Armenien‹ plus sechs weitere Gedichte).« – In der vorliegenden Arbeit werden die zwölf Gedichte des Zyklus in der Reihenfolge gem. dem Kapitel «Novye stichi» // Neue Gedichte // in ŽTV, 83-87, wiedergegeben; diese weicht von der Reihenfolge der Petersburger Gesamtausgabe von Mandelštams Gedichten von 1997 (s. PSS, Nr. 134-145), wie auch von der Reihenfolge in FPI, wie folgt ab: Gedicht II ist in PSS Gedicht III, Gedicht III ist in PSS Gedicht II, Gedicht IX ist in PSS Gedicht X, Gedicht X ist in PSS Gedicht IX, Gedicht XI ist in PSS Gedicht XII, Gedicht XII ist in PSS Gedicht XI.

S. 23 *Du wiegst die Rose des Hafis:*
Sechsflügeliger Stier: G. A. Mec, einer der Autoren der Petersburger Mandelštam-Ausgabe, merkt zu dem Stichwort an (PSS, 574), die naheliegendste Quelle für das Bild sei der Stier im steinernen Ornamentwerk armenischer Kirchen, und weiter: »vermutlich hat auch das Bild des

›sechsflügeligen Tigers‹ ... aus dem Gedicht ‹Vlas› von Nekrasov [*JSt: Nikolaj Nekrasov, 1821-1877*] Einfluß ausgeübt, das Mandelštam in einer seiner Tagebuchaufzeichnungen des Jahres 1931 zitiert hat.« (*JSt: Eine derartige Tagebuchaufzeichnung habe ich bislang in den mir vorliegenden Mandelštam-Ausgaben nicht finden können.*)

Hafis: Beiname (»der – den Koran – im Gedächtnis Bewahrende«) des persischen Dichters Muhammad Schams ad-Din aus Schiras (um 1320-1389); vgl. Goethe, Noten und Abhandlungen zu besserem Verständnis des West-östlichen Divans: »Nur wenig sagen wir von diesen Dichtungen, weil man sie genießen, sich damit in Einklang setzen sollte. Aus ihnen strömt eine fortquellende, mäßige Lebendigkeit. Im Engen genügsam froh und klug, von der Fülle der Welt seinen Teil dahinnehmend, in die Geheimnisse der Gottheit von fern hineinblickend, dagegen aber auch einmal Religionsübung und Sinnenlust ablehnend, eins wie das andere; wie denn überhaupt diese Dichtung, was sie auch zu befördern und zu lehren scheint, durchaus eine skeptische Beweglichkeit behalten muß.« RD merkt zu Hafis an (RD Moskau, 220), OM's Prosawerk »Die Reise nach Armenien« (1933, deutsch zuerst 1983, Suhrkamp Verlag), das Kapitel »Rund um die Naturforscher« belege, daß OM sich im Zusammenhang mit Armenien auch mit der persischen Poesie beschäftigt hat; siehe hierzu die Notiz zu S. 45 und die dort wiedergegebene eigene Übersetzung der von Dutli angesprochenen Textstelle.

Achtkantige Schultern: OM meine damit, so RD (s. RD Armenien, 186), den »achteckigen trommelförmigen Aufbau (unter der Kuppel) diverser armenischer Kirchen, etwa der im ›Aschtarak‹-Kapitel der ›Reise nach Armenien‹ geschilderten Kirche Karmravor, 7. Jh.« – Hartmut Hofrichter schreibt über diese Kirche (im Kapitel »Baukunst der Armenier im Mittelalter« des Ausstellungskatalogs zu der 1995 in Bochum durchgeführten großen

Armenien-Ausstellung, 135): »[...] die aus der zweiten Hälfte des 7. Jahrhunderts stammende Karmravor-Kirche in Aschtarak. Im 10. Jahrhundert instandgesetzt und auf einem Friedhof gelegen, trägt diese Kirche noch ihr mittelalterliches Ziegeldach mit abgerundeter Kuppelhaube; sie hat einen achteckigen Tambour, ein geschächtes Kranzgesims und ihre Rundbogenfenster oberseitig rahmende Bänderungen, desgleichen weist sie Trompetenübergänge zum Tambour und zur eigentlichen Kuppel auf.« – Bei meinen Reisen auf OM's Spuren war ich im Oktober 1993 auch in Armenien und habe dabei die Kirchen in Aschtarak, u. a. auch die Karmravor-Kirche, besucht. Nach den dabei gewonnenen persönlichen Eindrücken handelt es sich zweifelsohne um diese Kirche, die OM im »Aschtarak«-Kapitel der »Reise nach Armenien« wie folgt beschrieben hat. Nachfolgend OM's Text in einer eigenen Übersetzung (nach MN, 347):

»Die Aschtaraker Kirche ist die allergewöhnlichste und für Armenien allerstillste. Also: Ein Kirchlein mit sechseckiger Kamilavka [*JSt: Die Kamilavka ist eine hohe, zylindrische – nach oben mit zunehmendem Durchmesser – Kopfbedeckung russisch-orthodoxer Geistlicher*], mit einem Seilornament entlang dem Dachsims und mit ebensolchen schnurartigen Augenbrauen über dem kargen Mund der rissigen Fenster.

Die Tür ist stiller als Wasser, niedriger als Gras.

Ich stellte mich auf die Zehenspitzen und warf einen Blick hinein: aber da gibt es ja eine Kuppel, eine Kuppel!

Eine richtige! Wie in Rom, bei Peter, unter ihr vieltausendköpfige Menschenmengen, Palmen und ein Meer von Kerzen und Tragbahren.

Dort singen die vertieften Bereiche der Apsiden wie Muscheln. Dort gibt es vier Brotbäcker: der Norden, der Westen, der Süden, der Osten – stoßen mit ausgestochenen Augen an trichterförmige Nischen, durchstöbern

Herdstellen und Kamine und finden für sich keinen Ort.

Wer kam nur auf die Idee, den Raum in dieses armselige Verlies, in diesen bettelarmen Kerker einzuschließen, um ihm dort die verdienten Ehrerbietungen eines Psalmensängers zu erweisen.«

Aschtarak: am Südhang des Berges Aragaz (eines erloschenen Vulkans, Höhe 4.090 m, türk. Alagös), ca. 30 km nordwestlich von Erivan gelegene Ortschaft, eine der ältesten Siedlungen Armeniens.

Stierkirchen: RD merkt hierzu an (RD Armenien, S. 186): »Zur Faszination der archaischen armenischen Kirchen vgl. das ›Aschtarak‹-Kapitel [*JSt: s. RD Armenien, 48*]: ›Der erste Aufprall der Sinne auf den Stoff der altarmenischen Architektur. Das Auge sucht eine Form, eine Idee, erwartet sie – und stößt stattdessen auf das schimmelige Brot der Natur oder eine Pastete aus Stein. Die Zähne des Sehvermögens zerbröckeln und brechen ab, wenn man zum ersten Mal armenische Kirchen anschaut.‹ Vermutlich hat Mandelstam das Kloster Geghard, 40 km südöstlich von Erivan besucht: dessen Kirche, 1215 erbaut, zeigt über dem Portal zwei kämpfende Stiere.« – Bei meiner zweiten Armenienreise habe ich auch das Kloster Geghard besucht und dabei folgendes festgestellt: Über dem Portal der Kirche sind keine kämpfenden Stiere abgebildet, vielmehr befindet sich in einem Vorraum der Felsenkirche des Klosters eine größere Wandnische mit Mittelsäule, darüber – als Hochrelief – ein »Wappen«, vermutlich das der Proschians, einer Fürstenfamilie, die dieses Gebiet beherrscht hatte: ein Stierkopf, der einen Ring mit zwei beidseitig angebundenen Löwen hält, darunter ein Adler mit einem Lamm in seinen Fängen. Auch die das Portal dieser Kirche zeigende Abbildung 24 auf S. 150 des oben zitierten Katalogs der Armenien-Ausstellung dokumentiert das Nichtvorhandensein der fraglichen Stiere an der von RD beschriebenen Stelle. Gleichwohl halte ich es aufgrund meiner eigenen Beobachtungen für möglich, daß OM eben die fragliche Felsenkirche des Klosters Geghard im Sinn hat, wenn er von *Stierkirchen* spricht.

Bist du noch weit hinter dem Berg: Hinweis auf die Tatsache, daß der Berg Ararat (s. Notiz zu S. 37) und der größte Teil des alten Armeniens nicht mehr zum Territorium Armeniens gehören.

Hier ist nur ein Bildchen kleben geblieben: Gemeint sind vermutlich Abziehbilder für Kinder.

Andere »Deutungsvorschläge«: RD Armenien, 93; FPI, 20f.

S. 25 *Du hast dir Farben gewünscht:*
Der malende Löwe aus dem Federkasten: A. G. Mec merkt hierzu an (PSS, 75), nach NM's Aussage habe OM in Armenien einen auf einer Buntstiftschachtel abgebildeten Löwen gesehen. Der Löwe sei für Armenien das traditionelle Symbol fürstlicher Macht.

Serdaren: Militärische Befehlshaber; hier sind wahrscheinlich die persischen Statthalter in Armenien zwischen dem 14. und 18. Jahrhundert gemeint.

Deine unheilverkündende Sprache: RD merkt hierzu an (RD Armenien, 186): »zur Faszination der armenischen Sprache vgl. das ›Aschtarak‹-Kapitel.« Nachfolgend ein Ausschnitt aus besagtem Kapitel in einer eigenen Übersetzung (nach MN, 346):

»Die armenische Sprache – nicht abzunutzen – wie steinerne Stiefel. Ja, natürlich: das dickwandige Wort, Zwischenlagen von Luft in den Halbvokalen. Doch beruht etwa darauf ihr ganzer Zauber? Nein! Woher dann diese Anziehung? Wie soll man das erklären, begreifen?

Ich habe die Freude erfahren, Laute auszusprechen, die für russische Lippen verboten sind, geheimnisvolle, verschmähte und vielleicht sogar in einer bestimmten Tiefe beschämende.

In einem blechernen Teekessel kochte das Wasser, und

plötzlich warf man ein Prischen wunderbaren schwarzen Tees hinein.

So ging es mir mit der armenischen Sprache.«

Wo Buchstaben Schmiedezangen sind, / und wo jedes Wort ein Haltegriff ist: Von der graphischen Gestalt armenischer Buchstaben angeregter Vergleich; OM begann während seiner Armenienreise, die armenische Sprache zu erlernen.

Andere »Deutungsvorschläge«: RD Armenien, 95; FPI, 22.

S. 27 ***Ach, ich sehe nichts mehr und das arme Ohr ist taub geworden:***
RD merkt hierzu an (RD Armenien, 186): »die Gedichte des ›Armenien‹-Zyklus entstanden bereits nach der Abreise aus Armenien, ab 16. Oktober 1930 im georgischen Tiflis; das Verlassen Armeniens wird von OM als Verlust der Sinne empfunden.«

Lawasch: traditionelles armenisches gesäuertes, helles und zu großen, flachen und kreisförmigen Fladen geformtes Brot.

Erivan: Hauptstadt der ehemaligen Armenischen Sozialistischen Sowjetrepublik und nunmehr des souveränen Armeniens.

Oder hat dich ein Löwe ausgemalt: s. Notiz zu S. 25.

Andere »Deutungsvorschläge«: RD Armenien, 97; FPI, 23.

S. 29 ***Den Mund verhüllt, wie eine feuchte Rose:***
In den Händen achtkantige Waben haltend: RD merkt hierzu an (RD Armenien, 187): »Bild für die armenischen Kirchen mit ihrem oft achteckigen trommelförmigen Aufbau«; vgl. Notiz zu S. 25.

Am Rand der Welt hast du überdauert: RD merkt hierzu an (RD Armenien, 187): »Armenien, das erste christliche Land der Geschichte (unter Tiridates III. wurde das Christentum im Jahre 301 – nach neueren Forschungen: 314 – zur Staatsreligion), bedeutete für M. ein Stück

Europa ›am Rande der Welt‹, einen Vorposten abendländischer Zivilisation, eine Grenze gegen die ›bärtigen Städte des Ostens‹.«

Man nimmt dir die Totenmaske ab: RD merkt hierzu an (RD Armenien, 187): »das vielgeprüfte Armenien war in der Sowjetzeit nach einer fruchtbaren Aufbauphase schon bald – unter Stalin – erneut Unterdrückungen ausgesetzt und gefährdet.«

Andere »Deutungsvorschläge«: RD Armenien, 99; FPI, 24.

S. 31 ***Umwickle die Hand mit dem Tuch und in ein bekröntes Gesträuch:***

In ein bekröntes Gesträuch: RD merkt hierzu an (RD Armenien, 187): »vgl. das Bild der Rose in den Gedichten I (Hafis), IV (der Mund) und VIII (Rose im Schnee).«

Salomos Blütenblatt: RD merkt hierzu an (RD Armenien, 187): »das Hohelied Salomonis, Lied der Lieder II, 1-2; die entsprechenden hebräischen Blumennamen werden in modernen Übersetzungen des Alten Testaments als ›Narzisse‹ und ›Lilie‹ wiedergegeben, in älteren Bibeln jedoch als ›Rose‹, vgl. etwa Luthers Übersetzung: ›Ich bin ein Blumen zu Saron, vnd ein Rose im tal. Wie eine Rose vnter den Dörnen, So ist mein Freundin vnter den Töchtern.‹«

Scherbet: ein aus Früchten hergestelltes Erfrischungsgetränk des Ostens, auch ein Konditoreierzeugnis (eine zähflüssige Masse aus Früchten oder Kaffee, Schokolade und Zucker, gewöhnlich auch aus Nüssen).

Der ungeeignete Wildling: RD merkt hierzu an (RD Armenien, 187): »Armenien ist für M. das Ursprüngliche und Unverbrauchte, ›Ungeeignete‹, in Stalins ersten Fünfjahrplan nicht Einzuspannendes. Vgl. die ›Tierjungen‹ in Gedicht I und die ›Wildkatze‹ des armenischen Wortes in dem Gedicht ›Dornige Sprache des Ararat-Tals‹ [*JSt: s. vorliegende Arbeit, S. 53*].«

Andere »Deutungsvorschläge«: RD Armenien, 101; FPI, 25.

S. 33 *Staat der schreienden Steine:*
Zu den Silberposaunen Asiens ewig hinfliegendes: RD merkt hierzu an (RD Armenien, 188): »Verquickung eines Selbstzitates mit einem Vers Catulls (um 84-54 v. Chr.), den M. in seinem Essay ›Das Wort und die Kultur‹ zitiert (1921; *JSt: s. RD Essays I, 84f.*): ›Die Silberposaune Catulls: ›Ad claras Asiae volemus urbes‹ quält und beunruhigt uns stärker als jedes beliebige futuristische Rätsel.‹ Der Vers ›Zu den berühmten Städten Asiens fliegen wir hin‹ stammt aus dem Gedicht 46 des Catull (›Iam ver egelidos refert tepores‹), das von seinem Reisefieber spricht.«

Andere »Deutungsvorschläge«: RD Armenien, 103; FPI, 26.

S. 35 *Nicht Ruinen – nein – aber ein Einschlag in einem mächtigen Zirkelwald:*
RD merkt hierzu an (RD Armenien, 188): »Evokation der Ruinen von Swartnoz unweit Etschmiadsins (JSt: s. Notiz zu S. 37), einer den Engeln des Himmels geweihten Rundkirche des ›Erbauer‹-Katholikos Nerses III (643-652 n. Chr.), mit besonders reichem Skulpturen- und Kapitellschmuck. Die Ruinen erscheinen auch in der ›Reise nach Armenien‹, am Schluß des ›Sewan‹-Kapitels [*JSt: s. RD Armenien, 14*]: ›... nicht nach der Büroruhr, sondern nach der Sonnenuhr lebt, die ich auf den Ruinen von Swartnoz gesehen habe, in der Gestalt eines astronomischen Rades oder einer in den Stein eingeschriebenen Rose?‹«

Noch unbesudelt von Byzanz: RD merkt hierzu an (RD Armenien, 188): »M. feiert an Armenien wiederum das Ursprüngliche [*JSt: vgl. die Notiz zu S. 32 ›Wildling‹*], wobei ›Byzanz‹ auch als Chiffre für ›Macht‹ steht und

bei M. letztlich als Maske für den Stalinismus.«
Andere »Deutungsvorschläge«: RD Armenien, 105; FPI, 27.

S. 37 *Kalt ist's der Rose im Schnee:*
RD merkt hierzu an (RD Armenien, 188): »Kälte und Frost haben bei M. stets auch politische Beiklänge, sind mit dem ›staatlichen Frost‹ verknüpft, etwa in der autobiographischen Prosa [*JSt: RD Prosa, 102*]: ›... ich sehe in ihm die verbindende Einheit einer unermeßlichen Kälte, welche die Jahrzehnte zu einem einzigen Tag, zu einer einzigen Nacht, zu einem tiefen Winter zusammenschweißt, in dem die schreckliche Macht des Staates steht wie ein, der eisige Kälte verbreitet.‹ In Gedicht I des Zyklus ist die Rose des Hafis (mit der Poesie) assoziiert, in Gedicht IV mit dem ›Mund‹ (dem Instrument, dem Ort der Entstehung von Poesie), in Gedicht V mit dem Hohelied Salomos (dem biblischen Ursprung der Poesie). Poesie und staatlicher Frost sind im ›Armenien‹-Zyklus absolute Antipoden.«

Sewan: Als OM sich in Armenien aufhielt, war dies eine Insel im Sewan-See, dem größten Gebirgssee des Kaukasus, 1.900 m ü. M. Die Oberfläche des Sewan-Sees maß zu dieser Zeit noch mehr als 1.400 Quadratkilometer. Die Wirtschaftsplaner der Armenischen Sozialistischen Sowjetrepublik wollten die Kraft des einzigen aus dem See abfließenden Flusses Razdan zur Elektrizitätserzeugung und zur Bewässerung der Felder in der Aras-Ebene nutzen und ließen das Seebecken unterirdisch anbohren. Dadurch wurde der Seespiegel seit 1995 um mehr als 18 m abgesenkt und wurde die besagte Insel zu einer Halbinsel. Nunmehr mißt die Oberfläche des Sees noch 972 Quadratkilometer.

Arschin: altes russ. Längenmaß: 1 Aršin = 16 Veršok = 71,12 cm.

Schnurrbärtige Mäuler von satten Forellen / üben den Polizeidienst aus: RD merkt hierzu an (RD Armenien, 189): »ev. wiederum Vertreter der Staatsmacht, vgl. im ›Sewan‹-Kapitel der ›Reise nach Armenien‹, S. 13: ›... wo im Halbdunkel des wissenschaftlichen Exekutivkomitees die in Spiritus eingelegten Gendarmsmäuler von Risenforellen hellblau schimmerten‹.«

Etschmiadsin: 15 km westlich Erivan gelegene Stadt. RD merkt hierzu an (RD Armenien, 189): »Zentrum der armenischen Kirche, Kathedrale, deren Fundamente aus dem 4. Jh. stammen, an der Stelle erbaut, wo Tiridates III. im Jahre 301/314 das Christentum als Staatsreligion verkündete.«

Ein riesiger Berg: RD merkt hierzu an (RD Armenien, 167): »Wahrzeichen und heiliger Berg der Armenier, der 5165 m hohe Ararat [*JSt: türk. Argi-dag*], der bereits im 1. Buch Mose, 8,4 erwähnt wird. Vgl. im Kapitel ›Aschtarak‹ [*JSt: s. RD Armenien, 48*] – ›Ich habe in mir einen sechsten Sinn, den Ararat-Sinn, herangebildet: den Sinn für die Anziehungskraft des Berges. Wohin es mich jetzt auch verschlägt, er ist bereits auf Erkundung aus, und wird es bleiben.‹ Dazu auch Gedicht XI des ›Armenien‹-Zyklus (›Reisezelt Ararat‹) und ›Fragmente aus vernichteten Gedichten‹ I (›<u>der an biblischem Tischtuch reiche Ararat</u>‹).« – S. auch Aleksandr Puškins »Reise nach Arzrum« und Peter Urbans Anmerkungen.

Mit einer Hirtenflöte zähmen: RD merkt hierzu an (RD Armenien, 189): »M.'s Bild für die Macht der Poesie, vgl. das Gedicht ›Meine Zeit, mein Tier‹ (8./9. Oktober 1922; s. PCOM, 49): ›Um das Jahrhundert der Gefangenschaft zu entreißen, / um eine neue Welt zu beginnen, / muß man die Gelenke der knotigen Tage / mit einer Flöte verbinden.‹«

Andere »Deutungsvorschläge«: RD Armenien, 107; FPI, 28.

S. 39 *Auf purpurfarbenen Graniten klickend:*
Purpurfarbene Granite... der kahle Sockel von staatlichem klingendem Stein: RD merkt hierzu an (RD Armenien, 189): »Attribute des imperialen Petersburg, transponiert in die karge Landschaft Armeniens.«

Kurden, die den Teufel und Gott versöhnt haben: RD merkt hierzu an (RD Armenien, 189): »die dualistische Lehre des Manichäismus, des persischen Religionsstifters Mani (216-277 n. Chr.), wo die Prinzipien des Guten und des Bösen – Gott und Materie – einander gegenüberstehen. Viele Kurden bekennen sich außerdem zum Yezidismus, einer Mischreligion, die Elemente des Zoroastrismus, des Islam, des mystischen Sufismus und des orientalischen Christentums vereint.«

Andere »Deutungsvorschläge«: RD Armenien, 109; FPI, 29.

S. 41 *Welch eine Pracht in dem armseligen Dorf:*
Mit dem »armseligen Dorf« ist vermutlich die Ortschaft Aschtarak am Südhang des Berges Aragaz gemeint (s. Notiz zu S. 23); s. auch das »Aschtarak«-Kapitel der »Reise nach Armenien« (RD Armenien, 46f.): »Das Dorf Aschtarak hing über dem Murmeln des Wassers wie über einem Drahtgerippe. / ... / Das Wasser klingelte und schwoll auf allen Etagen und Regalen Aschtaraks – und ließ ein Kamel durchs Nadelöhr gehen.« Hinsichtlich der diesem Dorf zugeschriebenen »Pracht« merkt P. M. Nerler an (MN, 400): »Offensichtlich ist die für Armenien typische Marine-Kirche (1281) gemeint. Eine andere Aschtaraker Kirche ist die Karmravor-Kirche, ein einzigartiges Architekturdenkmal aus der Mitte des 7. Jh. mit kreisförmigem Ziegeldach.« Der in der Notiz zu S. 9 zitierte Auszug aus dem »Aschtarak«-Kapitel der »Reise nach Armenien« und die persönliche Inaugenscheinnahme beider Kirchen, der *Marine-* wie auch der *Karmravor*-Kirche, lassen es freilich wahrscheinlicher erscheinen,

daß OM mit der »Pracht« die *Karmravor*-Kirche meint.

Rühr mich nicht an: RD merkt hierzu an (RD Armenien, 189): »Im Russischen das magisch beschwörende ›tschur-tschur menja!‹, eines der Signale für Bedrohung und Gefährdung im ›Armenien‹-Zyklus.«

Andere »Deutungsvorschläge«: RD Armenien, 111; FPI, 30.

S. 43 *Ich werde dich niemals wieder sehen:*
Die Bibliothek der Töpfer-Autoren: Gemeint ist die auf das 5. Jh. zurückgehende reiche Sammlung armenischer Bücher und Handschriften, die im Kloster Eschmiadsin zusammengetragen worden war. 1923 wurden Bibliothek und Archiv des Klosters verstaatlicht und zu einem wissenschaftlichen Forschungsinstitut erklärt. 1939 wurde das Institut in die Hauptstadt Erivan überführt. Seit 1959 befindet es sich im *Matedaran*, dem Schatzhaus des armenischen Buches und der armenischen Literatur; am Schluß des Kapitels »Rund um die Naturforscher« in der »Reise nach Armenien« (1931/1933) berichtet OM über seine Begegnung mit dem Direktor der Staatsbibliothek. Nachfolgend dieser Text in einer eigenen Übersetzung (nach MN, 401):

»Gestern las ich Firdosi, und es schien mir, als sitze auf dem Buch eine Hummel und lutsche an ihm.

In der persischen Poesie wehen gesandtschaftliche, geschenkreiche Winde aus China.

Sie schöpft mit einer silbernen Kelle langes Leben, beschenkt damit jeden, dem der Sinn nach drei- oder fünftausend Jahren steht. Deshalb sind die Könige der Dynastie der Dschamschiden so langlebig wie Papageien.

Nachdem sie unglaublich lange Zeit gutmütig gewesen sind, werden Firdosis Lieblinge plötzlich, mir nichts dir nichts, bösartig und unterwerfen sich einzig der üppigen Eigenmacht der Lüge.

Himmel und Erde im ›Schahname‹ leiden an der Basedowschen Krankheit – sie sind hinreißend glotzäugig.

Ich bekam Firdosi beim Staatsbibliothekar Armeniens, bei Mamikon Artemevič Gevorkjan. Man brachte mir einen ganzen Stapel blauer Bändchen, ungefähr acht an der Zahl, glaube ich. Die Wörter einer vornehmen Prosaübertragung – es war Mohls französische Ausgabe [*JSt: Jaques Mohl, Le Livre des Rois par Aboul Kasim Firdousi, 7 vol., Paris 1838-1878*] – dufteten nach Rosenöl.

Mamikon kaute an seiner herabhängenden Lippe und sang mit seiner unangenehmen Kamelsstimme ein paar Verse auf Persisch.

Gevorkjan ist beredsam, klug und liebenswürdig, aber seine Gelehrsamkeit ist über die Maßen geräuschvoll und zielstrebig und seine Rede feist, advokatisch.

Die Leser sind gehalten, ihren Wissensdurst auf der Stelle im Kabinett des Direktors zu befriedigen, unter dessen persönlicher Aufsicht, und die Bücher, die an den Tisch dieses Satrapen gereicht werden, bekommen den Geschmack von rosenfarbigen Fasanen, bitteren Wachteln, Moschushirsch und listigem Hasenbraten.«

RD merkt zu dem vorstehenden Text an (RD Armenien, 176): »*Firdausi*: (939-1020 n. Chr.), persischer Dichter des ›Schah-Nameh‹ (Buch der Könige, 1010), des pers. Nationalepos mit 50000 Distichen, das die persische Geschichte von mythischen Zeiten bis zur arabischen Invasion im 7. Jh. erzählt. Vgl. Goethe, Noten und Abhandlungen zu besserem Verständnis des West-östlichen Divans: ›Dieses Werk /Ferdusis/ ist ein wichtiges, ernstes, mythisch-historisches National-Fundament, worin das Herkommen, das Dasein, die Wirkung alter Helden aufbewahrt wird. Es bezieht sich auf frühere und spätere Vergangenheit, deshalb das eigentlich Geschichtliche zuletzt mehr hervortritt, die früheren Fabeln jedoch manche uralte Traditions-Wahrheit verhüllt überliefern.‹ – Von

Ms Interesse für die persische Poesie im Rahmen der Reise nach Armenien zeugt auch die Evokation des Hafis in Gedicht I des ›Armenien‹-Zyklus. *Dschamschiden*: Dschamschid, mythischer persischer Urkönig, regierte 700 Jahre lang über das Goldene Zeitalter. *Mamikon Artemevič Gevorkjan*: (1877-1962), armenischer Theatermann, Übersetzer, Lexikograph, übersetzte die ›Geschichte Armeniens‹ des Pavlos Bjusandazi (Faustos von Byzanz, 5. Jh.) ins Russische, in der M. die Legende von Arschak und Schapur fand, die er in das ›Alagös‹-Kapitel der ›Reise nach Armenien‹ einfügte.«

Das Reisezelt des Ararat: s. Notiz zu S. 37.

Das hohle Buch der herrlichen Erde: RD merkt hierzu an (RD Armenien, 190): »vgl. die Buch-Metapher auch im [...] Gedicht XII; laut dem 1. Buch Mose, 8,4, war Noahs Arche am Ararat gelandet. Nach der Legende galten die Armenier als erste Menschen nach der Sintflut.«

Andere »Deutungsvorschläge«: RD Armenien, 113; FPI, 31.

S. 45 *Azur und Lehm, lehmbraun und azurblau*:

Kurzsichtiger Schah: RD merkt hierzu an (RD Armenien, 190): »vgl. die persischen Motive im ›Armenien‹-Zyklus, Gedichte I (Hafis), III (Mullah, Koran) und VI (persisches Sonnengeld).«

Über dem eitrigen Buch, über dem teuren Lehm: RD merkt hierzu an (RD Armenien, 190): »Armenien als zu lesendes Buch, das Ur-Buch (vgl. das vorangehende Gedicht), als von der Bibel durchdrungenes, lehmenes Buch der Bücher.«

Andere »Deutungsvorschläge«: RD Armenien, 115; FPI, 32.

S. 47 *Auf hochfeinem Polizeipapier*:

OM spricht von »Vergé«-Papier, einem teuren, gerippten Schreibpapier mit Wasserzeichen, das er mit dem

Attribut »Polizei-« versieht. Die Literaturwissenschaftlerin I. M. Semenko schreibt in ihrem Kommentar (im Kapitel «Novye stichi» // Neue Gedichte // in ŽTV, 89), gemäß den Erinnerungen von NM gehe dieser Vers auf das Wasserzeichen im Archivpapier des Tifliser Archivs zurück. Tatsächlich sei das Autograph des in zeitlicher Nähe geschriebenen Gedichts »Die dornige Sprache des Ararat-Tals« (s. vorliegende Arbeit, S. 53) auf einem Papier mit einem aufgedruckten Stempel einer Tifliser Bank («Tiflisski dvorjanski zaëmny bank») bedruckt gewesen und habe dieses ein Wasserzeichen in Form symbolischer Sterne und Vögel gehabt. I. M. Semenko weist weiter darauf hin, es gebe eine Sternen-Fischsuppe (*svezdnaja uchá*) bereits in einem Gedicht von Anfang der 20er Jahre, das ich freilich bisher in den mir vorliegenden Mandelštam-Ausgaben nicht habe finden können. NM merkt zu dem Stichwort an (s. ihre »Kommentare zu den Gedichten von 1930.1937« in ŽTV, 195): »... auf irgendeinem sehr guten Papier (Vergé vielleicht), welches man uns in Tiflis geschenkt hat. Vielleicht auch nicht geschenkt, und O. M. hat einige Bögen aus dem Archiv, in dem er Arbeit finden wollte (daher ›Polizeipapier‹), mitgenommen.«

Sind die Sterne ganz ausgefüllt: Ein doppeldeutiges Wortspiel, zum einen mit dem Inhalt des in der vorstehenden Notiz beschriebenen Wasserzeichens, zum andern wohl auch mit den an das damals herrschende System angepaßten Sternen der sowjetischen Literatur. RD merkt zu diesem Gedicht an (RD Moskau, 224): »Satire des angepaßten, offiziellen Schriftstellertums, wie sie M. in aller Schärfe schon mit der ›Vierten Prosa‹ 1929/30 begonnen hatte: ›Sämtliche Werke der Weltliteratur teile ich ein in genehmigte und solche, die ohne Genehmigung geschrieben wurden. Die ersteren sind schmutziges Zeug, die letzteren – abgestohlene Luft.‹« (*JSt: RD Prosa, 257*).

– Dutlis Übertragung weicht von der eigenen Übersetzung (»singen« statt »ausgefüllt sein«) ab; der Übertragung Dutlis liegt die amerikanische russischsprachige Mandelštam-Ausgabe (Ossip Mandelstam: Collected Works in three Volumes. Vol. I: Poetry. Ed. By G. P. Struve and B. A. Filipoff – Washington 1967, 157) zugrunde. Hier heißt es im russ. Text: (transkribiert: *svëzdy pojut* – übersetzt: die Sterne singen), während die seit 1990 in Rußland veröffentlichten Mandelštam-Ausgaben, denen OM's Autograph aus dem Jahr 1935 zugrundeliegt, mit dem hier wiedergegebenen, von der Petersburger Mandelštam-Ausgabe (PSS) übernommenen russ. Text (transkribiert: *svëzdy živut* – übersetzt: die Sterne leben/sind ganz ausgefüllt von...) übereinstimmen.

Rappörtchen: Ein Wortspiel (OM verwendet den Terminus rapporčiki, im Russischen richtig mit nur einem »p« geschrieben) mit «RAPP», der Abkürzung für die »Rußländische Assoziation proletarischer Schriftsteller« (*Rossiskaja associacija proletarskich pisatelej*), der bis zum Parteierlaß über die Bildung des Schriftstellerverbandes der UdSSR vom 23. April 1932 führenden kommunistischen Schriftstellerorganisation, die andere Schriftstellergruppierungen unerbittlich bekämpfte. Einem der leitenden Funktionäre der RAPP, Aleksandr Besymenski, war OM in Suchumi begegnet und widmete diesem im Kapitel »Aschot Howhannesjan« der »Reise nach Armenien« und im Notizbuch zur Reise (s. RD Armenien, 33 bzw. 70f.) boshafte Spitzen. OM's Verspottung von Besymenski und sein Prosawerk »Die Reise nach Armenien« insgesamt wurden Gegenstand vernichtender Artikel in der «Literaturnaja gazeta» und in der «Pravda» vom 17. Juni bzw. vom 30. August 1933.

Andere »Deutungsvorschläge«: RD Moskau, 43.

S. 49 *Sage es keinem:*
Vogel, Greisin: RD merkt hierzu an (RD Moskau, 224):

»vgl. den autobiographischen Prosatext ›Ein Vögelchen der alten Frau‹ des Zyklus ›Feodosija‹ [...] [*JSt: s. RD Prosa, 112ff.*], der M.'s Aufenthalt in der Quarantäne-Vorstadt Feodosijas schildert, 1920, während des Bürgerkrieges, in der Hütte einer alten Frau: ›Das alte Mütterchen hielt ihren Mieter wie ein Vögelchen und meinte, man müsse ihm das Wasser wechseln, den Käfig putzen und Körner streuen. In jener Zeit war es besser, ein Vogel zu sein statt ein Mensch ...‹«

Haft: RD merkt hierzu an (RD Moskau, 223): »M.'s zweimalige Verhaftung während des Bürgerkrieges – zuerst durch die ›weißen‹ Truppen Wrangels, dann durch die Menschewiken – wird in zwei Teilen desselben Bandes geschildert, in ›Die Rückkehr‹ [*JSt: s. RD Prosa, 145ff.*] und ›Die Menschewiken in Georgien‹ [*JSt: s. RD Prosa, 152ff.*]«

Kinder-Tintenfederkasten: NM merkt hierzu an (s. ihre »Kommentare zu den Gedichten von 1930-1937« in ŽTV, 194: »Das ist eine Heimkehr zum Norden – eine der Abzweigungen von ›Armenien‹: von dem Wort ›Federkasten‹ ausgelöste Erinnerungen. Daher: Kindheit, Datscha (für einen städtischen Jungen ist die Datscha die einzige Begegnung mit der Natur) [...] O. M. erzählte mir, daß er auf der Datscha [...], wo es Nadelwald und Sümpfe gab, [...] sofort ›erwachte und zu leben anfing‹.«

Nadeliger Schauer: NM merkt hierzu an (op. cit., S. 194): »Das ist eine der ständigen Empfindungen: starker Eindruck und Erschrecken, ausgelöst von Nadelwald [...] Der Norden ist immer anwesend und kommt im Süden sowohl in Gedichten als auch in Prosa in Erinnerung.«

Nie gepflückte Blaubeeren: NM verweist auf (op. cit., 194) OM's Prosawerk »Die Reise nach Armenien« und das darin enthaltene Kapitel »Das Zamoskvorečie-Viertel« [*JSt: s. RD Armenien, 22f.*]: »In meiner Kindheit habe ich – aus dummer Eigenliebe, aus falschem Stolz – nie

Beeren gesucht und mich nach Pilzen gebückt. Gotische Tannzapfen und die heuchlerischen Eicheln in ihren Mönchskäppchen gefielen mir besser als die Pilze. Ich streichelte die Tannzapfen. Sie sträubten sich. Sie waren gut. Sie überzeugten mich...«

Andere »Deutungsvorschläge«: RD Moskau, 33.

S. 51 *Die dornige Sprache des Ararat-Tals:*
Dornige Sprache: vgl. im »Armenien«-Zyklus den Schluß von Gedicht III: »wo Buchstaben Schmiedezangen sind, / und jedes Wort ein Haltegriff ist...«; s. auch das Bild der Rose in den Gedichten I, IV, V und VIII des »Armenien«-Zyklus.

Der kurzsichtige Schah-Himmel: vgl. die Bilder der Gedichte XI und XII des »Armenien«-Zyklus.

Ein blindgeborener Türkis: RD merkt hierzu an (RD Armenien, 190): »die Blindheit des Himmels – im Sinne einer Indifferenz gegenüber dem menschlichen Leid (vgl. den folgenden Vers ›wird niemals das hohlleibige Buch lesen‹ – ist ein markantes Motiv bei M.«

Andere »Deutungsvorschläge«: RD Armenien, 119; FPI, 35.

S. 53 *Welche Freude macht mir ein unter Anstrengungen lebendes:*
Ein an die Erde festgenageltes Volk: RD merkt hierzu an (RD Armenien, 191): »Armeniens leidvolle Geschichte von Unterdrückung, Vertreibung, Dezimierung.«

Dein Grenzraum-Ohr: s. Notiz zu S. 29 (»am Rande der Welt hast du überdauert«).

Andere »Deutungsvorschläge«: RD Armenien, 121; FPI, 33.

S. 55 *Eine Wildkatze, Armeniens Sprache:*
RD merkt hierzu an (RD Armenien, 191): »die im Gedicht ›Dornige Sprache des Ararat-Tals‹ [*JSt: s. S. 51*] positiv konnotierte ›Wildkatze‹ erfährt im neuen Kontext eine Umwertung.«

Quält mich: RD merkt hierzu an (RD Armenien, 191): »Das Gedicht entstand im November 1930 bei der Rückreise aus Armenien im georgischen Tiflis. M.s Aufenthalt stand zunächst unter dem Schutz des georgischen Parteisekretärs Lominadze; als dieser plötzlich nach Moskau beordert und in einem Schnellverfahren abgeurteilt wird, ist M.s Bewegungsfreiheit eingeschränkt, und er bekommt einen Beschatter (vgl. Nadežda Mandelštams Memoiren, deutsch ›Das Jahrhundert der Wölfe‹, 1971, den Schluß des Kapitels ›Die Umwertung der Werte‹). Die Auseinandersetzung mit dem ›Funktionär‹ und Repräsentanten des neuen Regimes wird zur Auseinandersetzung mit der sowjetischen Gegenwart (›<u>Wir waren Menschen und wurden Pack</u>‹). Im offiziellen, hölzernen Gebrauch wird auch die von M. sonst so gefeierte armenische Sprache zur Qual.«

Sonnenglut: im Russischen: *morúcha* = eine quälende, ermüdende Sonnenglut zur Zeit des Höhepunktes der Ernte im Osten.

Verrecken sollst du: OM verwendet hier einen unanständigen Fluch aus dem schier unerschöpflichen Arsenal der russischen Vulgärsprache.

Reiseorder: schriftliche Bescheinigung durch staatliche Stellen über ein Reiseziel und zugleich Ausweispapier (russ.: *podorožnaja*). Sie wurde im 18. und 19. Jh. durch staatliche Stellen für ein bestimmtes Reiseziel ausgestellt, und man bekam aufgrund der *Reiseorder* an den Poststationen Pferde. Vergleichbare Regelungen gab es auch unter dem Sowjetregime, wenngleich diese auf die Anweisung zur Bereitstellung von Pferden verzichteten. So mußte OM sechs Wochen im abchasischen Suchumi in einer »Art Quarantäne«, wie er in seinem Notizbuch zur »Reise nach Armenien« (*s. RD Armenien, 70*) schreibt, auf seine Reiseorder für die Weiterreise nach Armenien warten. Der im Auftrag der herrschenden Partei agierende

Funktionär benötigte diese freilich nicht, war er doch nicht den für den normalen Bürger geltenden Regelungen unterworfen.

Müssen wir noch lange nach Gräbern suchen, / wie ein Bauernmädchen nach Pilzen: Gemäß dem Kommentar der Literaturwissenschaftlerin I. M. Semenko (1921-1970) ging diesen beiden Versen in einem frühen Entwurf dieses Gedichts folgender, zusätzlich eingeschobener 3. Vers voraus (s. das Kapitel «Novye stichi» // Neue Gedichte // in ŽTV, 90): »Dort, wo man auf einer Arba Griboed brachte« [*JSt: eine Arba ist ein zweirädriger Karren*]. Mit diesem Vers spielte OM auf eine in Aleksandr Puškins (1799-1837) Reisebericht »Die Reise nach Arzrum« (1835) geschilderte Begegnung an, die dieser auf seiner Reise am 11. Juni 1829 gehabt habe – in seinem Reisetagebuch von 1829 steht davon freilich nichts –, auf die Begegnung mit dem Transport des Leichnams des am 30. Januar des gleichen Jahres in Teheran im Verlauf einer antirussischen Massendemonstration gelynchten russischen Gesandten (und bekannten Dichters, des Autors der Komödie »Verstand schafft Leiden«) in Persien, Aleksandr Sergeevič Griboedov (1795-1829). Puschkin schilderte die Begegnung wie folgt (hier zitiert nach PRA, 45): »Zwei Ochsen, vor eine Arba gespannt, erklommen die steile Straße. Einige Georgier begleiteten die Arba. Wo kommt ihr her, fragte ich sie. Aus Teheran. – Was führt ihr mit euch? – Griboed. Es war der Körper des getöteten Griboedov, den sie nach Tiflis begleiteten.«

Erzerumer Traube: RD merkt hierzu an (RD Armenien, 192): »Weinstock und Traube sind bei M. oft Bilder für den Dichter und die Poesie [...]. Hier ev. eine Anspielung auf Alexander Puschkin und dessen ›Reise nach Er.‹s [...], diesen wichtigen Subtext für M.'s ›Reise nach Armenien‹« (s. vorangehende Notiz.) Zu *Erzerum*, dem Namen dieser alten armenischen, nunmehr türkischen

Stadt, die er in seiner Übersetzung des zitierten Puschkinschen Reiseberichts, Puschkins Schreibweise aufgreifend, mit »Arzrum« bezeichnet, merkt Peter Urban an (PRA, S. 9): »Andere Schreibweisen des Namens: Erzerum, Erzurum, Ersirum, Erz-al-run, franz. Erzeroum, engl. Erzroom, wobei es sich bei dem ›z‹ erkennbar um ein stimmhaftes ›s‹ handelt. Anders als Puškin, der ausdrücklich Arzrum schreibt und dies in Kap. V begründet, führt auch der russ. Brockhaus die Stadt unter E: Erzerum, Betonung auf der letzten Silbe.«

Andere »Deutungsvorschläge«: RD Armenien, 125; FPI, 36.

S. 57 *Und tierisch streitet sich das Menschenpack:*
I. M. Semenko merkt zu diesem Gedicht an (s. das letzte Kapitel «Novye stiche» // Neue Gedichte // in ŽTV, 91), es sei ursprünglich die vierte Strophe eines frühen Entwurfs für das vorangehende Gedicht gewesen.

Tierisch streitet sich das Menschengeschlecht: Die tierisch-feindliche Umwelt greift auf das vorangehende kritisch-satirische Gedicht zurück, auf den Vers »Wir waren Menschen und wurden Pack.«

Prächtiger Staatsbediensteter: I. M. Semenko merkt hierzu an (op. cit., 91): nach NM's Urteil handele es sich dabei um eine Anspielung auf Aleksandr Puškin (s. Notiz zu S. 55). NM habe auch darauf hingewiesen, daß es in den Entwürfen für dieses Gedicht Verse gegeben hat, die sich auf die Begegnung Puškins mit dem Leichnam Griboedovs bezogen haben. – In der Tat war Puškin Staatsbediensteter, freilich nicht mehr zum Zeitpunkt seiner Reise nach Erzerum im Jahr 1829: Vor Eintritt in den Staatsdienst nach dem Besuch des Lyzeums im Jahr 1817 bis zu seiner Entlassung aus dem Staatsdienst im Sommer 1824 war er Kollegiensekretär, formal im Dienst des Außenministeriums. Gemäß der von Peter dem Großen eingeführten Rangtabelle gehörte dieser Rang zum 10. Rang, der zweithöchsten Stufe des Mittleren Dienstes (mit dem 8. Rang, z. B. Major, d. h. zwei Rangstufen höher, begann der Höhere Dienst und damit der Dienstadel). Nach seiner Eheschließung wird Puškin im Sommer 1831 wieder in den Dienst des Zaren aufgenommen. Er bekommt den Rang eines Titularrates, d. h. einen Rang der 9. Rangstufe, der obersten Stufe des Mittleren Dienstes.

Ohne Reiseorder: s. Notiz zu S. 55; zur Frage einer Reiseorder/Erlaubnis für Puškins Reise nach Erzerum zwei Stimmen: Rolf-Dietrich Keil schreibt in seiner Puškin-Biographie (Rolf-Dietrich Keil, Puschkin: Ein Dichterleben. Insel Verlag, Frankfurt am Main und Leipzig 1999, 295): »Am 1. Mai 1829 brach er in Richtung Tiflis auf, ohne Benckendorff zu informieren [*JSt: Alexander Christopherowitsch Graf Benckendorff, Chef der ›Dritten Abteilung der Persönlichen Kanzlei Seiner Kaiserlichen Hoheit‹ – so der offizielle Name der im Juni 1826 von Zar Nikolaus I. gegründeten Geheimpolizei*]. [...] Die Agenten der Dritten Abteilung meldeten seine Abreise natürlich sofort, aber Benckendorff unternahm nichts, sondern ließ Puschkin nur besonders aufmerksam überwachen. Vielleicht versprach man sich von der Reise des Dichters zur Armee staatsfördernde Gedichte auf den ruhmreichen Feldzug, vielleicht wollte man nur einen neuen Anlaß zu Vorwurf und Begnadigung haben.« Peter Urban hingegen schreibt in seinen Anmerkungen zum Stichwort Reiseorder (PRA, 107): »[...] Puškins Reisepapiere, ausgestellt am 4. März 1829 in St. Petersburg, lauteten auf die Route Petersburg-Tiflis.« Sollten Urbans Angaben zutreffen, hätte Puškin für seine Reise bis Tiflis eine Reiseorder gehabt, nicht aber für seine Weiterreise bis nach Erzerum (es war im übrigen Puškins erste und einzige Reise ins Ausland). Wenn NM's Annahme über die Person des *prächtigen Staatsbediensteten*, i. e. Puškin, richtig ist, dann war OM der Ansicht, daß Puškin keine *Reiseorder*, d.h.

keine Erlaubnis, für seine Reise nach Erzerum hatte. – Martin Mosebach schreibt in seiner Besprechung von Urbans Neuübersetzung des Puschkinschen Reiseberichts (in der »Frankfurter Allgemeinen Zeitung« vom 6. Oktober 1998: »Der Feldzug, dessen Zeuge Puschkin gegen kaiserliches Gebot wurde, war Bestandteil eines großen Krieges und weltpolitischen Konflikts, der bis heute anhält: Es ging um die Verteilung des zerfallenden Osmanischen Reiches, um Rußlands Anspruch, die einst von den Türken eroberten christlichen Völker zu vertreten, um den russischen Zugang zum Mittelmeer, um das Erbe von Konstantinopel: heute wird dieser Kampf in Tschetschenien und Abchasien, in Berg Karabach und auf dem Balkan ausgetragen.«

Abkommandiert zum Gefängniskarren: hier wohl zu verstehen als verurteil zur Unfreiheit, vermutlich ebenfalls eine Anspielung auf Puškin, OM's großen Vorläufer in der russischen Literatur: Im Mai 1820 wird Puškin wegen regimekritischer Verse aus der Hauptstadt St. Petersburg nach Südrußland strafversetzt (eine getarnte Verbannung) und verbleibt dort bis 1824. Im Sommer dieses Jahres wird er wegen eines abgefangenen Briefes – wegen angeblichen Atheismus – auf Weisung von Zar Alexander I aus dem Staatsdienst entlassen und auf unbestimmte Zeit auf Michailovskoe, das Gut seiner Mutter, im Gouvernement Pskov verbannt, verbleibt dort und steht unter Polizeiaufsicht. Anfang September 1826 beordert der neue Zar Nikolaus I. Puškin zu einem Gespräch nach Moskau, das am 8. September 1826 stattfindet. Puškin gibt darin seine Sympathien für die Dekabristen, die am 14. Dezember 1824 gegen Nikolaus revoltiert hatten, offen zu. Nikolaus gibt sich staatsmännisch milde, ernennt sich zum persönlichen Zensor des Dichters, welches Amt auf Benckendorff (s. vorangehende Notiz) übergeht. Der Briefwechsel mit diesem wird für Puškin zu einem der erniedrigendsten und quälendsten Kapitel in seinen letzten Lebensjahren. – Zu Puškin hatte OM, laut Anna Achmatovas (1889-1966) »Blättern aus dem Tagebuch«, eine »unerhörte, beinahe furchteinflößende Beziehung«. – Das Verhältnis des sehr furchtsamen OM zur Staatsmacht bewertet Paul Celan (1920-1970), der zahlreiche Gedichte OM's zwischen 1958 und 1967 übersetzt und damit dem deutschen Leser zugänglich gemacht hat, in seinem für den Rundfunk konzipierten und am 19. März 1960 vom Norddeutschen Rundfunk ausgestrahlten Text »Die Dichtung Ossip Mandelstams« wie folgt (RD Luftgrab, 70.): »Und dieser ›Hasenfuß‹ wird unter allen bedeutenden russischen Lyrikern, die das Leben über das erste nachrevolutionäre Jahrzehnt hinausführt – Nikolai Gumiljow wird 1921 als Konterrevolutionär erschossen; Welemir Chlebnikow, der große Utopiker der Sprache, stirbt 1922 den Hungertod –, dieser so furchtsame Ossip Mandelstam wird der einzige Unbotmäßige und Kompromißlose sein, ›der einzige, der‹ – wie ein jüngerer Literaturkritiker (Wladimir Markow) feststellt – ›nie nach Canossa ging‹.«

Trank des Tschernomor: Tschernomor ist ein böser, über Zauberkräfte verfügender Zwerg in Aleksandr Puškins Poem »Ruslan und Ljudmilla« (1820). Eine Reckengestalt in Puškins »Märchen vom Zaren Saltan« (1832) trägt ebenfalls den Namen Tschernomor; dieser steht freilich in keiner Verbindung zum Tschernomor in besagtem Poem. Weder im Poem noch im Versmärchen finden sich Hinweise auf einen Trank, den OM hier im Sinn gehabt haben könnte. I. M. Semenko weist in diesem Zusammenhang auf Tschernomors (in »Ruslan und Ljudmilla«) Zaubermütze hin (Kapitel «Novye stichy» // Neue Gedichte // in ŽTV, 91), die den Träger unsichtbar macht. Diese Eigenschaft von Tschernomors Zaubermütze hätte dem prächtigen Staatsbediensteten Puškin in der Tat helfen können, sich der Überwachung durch Benckendorffs

Spitzel zu entziehen (s. obige Notiz zu *Ohne Reiseorder*).
Andere »Deutungsvorschläge«: RD Armenien, 123.

S. 59 *Kanzone – Werde ich euch wirklich morgen sehen:*
NM merkt zu diesem Gedicht folgendes an (NM's »Kommentare zu den Gedichten von 1930-1937« in ŽTV, 206f.; die in NM's Kommentar enthaltenen Stichworte werden durch Fettschrift und Kursivschrift hervorgehoben:

»[...] Eine Bedeutungsfrage: was ist das für ein **Gebiet der unrasierten Berge** – Palästina (**Meister der Juden**) oder Armenien (›die jüngere Schwester der judäischen Erde‹ [*JSt: s. OM's »Vierte Prosa«, 1929/1930, s. vorliegende Arbeit, S. 10*])? **Ägyptologen und Numismatiker** – das ist eine Sammelerinnerung an die Wissenschaftler-Alten Armeniens, richtigen Europäern und Wissenschaftlern sehr viel ähnlicher als die, denen wir in Moskau begegnet waren. [...] Dieser Typus des Humanisten war bei uns bereits ausgelöscht worden, und hat bei uns, vielleicht, immer eine Seltenheit dargestellt. Die Landschaft ähnelt der von Armenien, wenngleich ›*frisch bis zur Abstumpfung ist das grüne Tal*‹ nicht sehr charakteristisch ist: [...] Derart grüne Täler gehören eher zu einem Meeresklima. Am ehesten ist das eine Sammellandschaft von Mittelmeerkulturen.

›Kanzona‹ ist ein Gedicht über **die Sehkraft**, und nicht nur die physische, sondern auch die historische (vgl. die Sehkraft der Raubvögel, des Poeten im ›Gespräch über Dante‹ [*JSt: OM's großer Essay, 1933, s. RD Essays II, 145:* »... *die Anatomie des Danteschen Auges, das ganz natürlich nur zur Aufdeckung der Struktur der Zukunft geschaffen scheint. Dante besaß das Sehvermögen eines Raubvogels, das nicht für die Orientierung im Nahbereich geschaffen ist: zu groß war sein Jagdrevier*«]) Das Gedicht ist psychologisch wie folgt bedingt: durch die Unmöglichkeit zu reisen, die Gier der historischen Erde (bald wird Moskau als

›buddhistisch‹ bezeichnet werden [*JSt: s. Fragmente aus vernichteten Gedichten, Gedicht I]*), die als Kränkung empfundene Begrenztheit der physischen Sehkraft, Auge des Raubvogels, das dem Zeiß-Fernglas gleicht (irgendwo in Armenien amüsierten wir uns, als wir mit dem Zeiß-Fernglas in die Ferne schauten), physische und historische Sehkraft: die Farben in der Welt sind verblichen, aber auf der historischen Erde gibt es sie (›**himbeerrote zarte Geste**‹*,* ›**grünes Tal**‹). Die heiß ersehnte Reise verwirklicht sich in einer Stärkung der Sehkraft, in der widerrechtlichen Aneignung der Sehkraft des Raubvogels, des Fernglases, in der Schärfung der Sinne.

Die fünf Sinne sind ein ständiges Thema von O. M. Er sucht das Wort mittels des Tastsinnes (›sehende Finger‹), indem er die Sehkraft verstärkt, sieht er die historische Welt, schafft er die ihm notwendige Bewegung. Der Seher, derjenige, der sieht und versteht, kann seine Möglichkeiten nicht nutzen, wenn er nicht das Geschenk des Psalmensängers empfangen hat, des Poeten, des Besitzers des Geheimnisses der Weitsicht – des Fernglases, der Sehkraft des Raubvogels. Und das Sehen im Raum ist nahe oder gleichbedeutend dem Sehen in der Zeit: Ägyptologen und Numismatiker, die die Vergangenheit kennen, können auch die Zukunft erkennen – dieser Gedanke, der in diesen Versen noch keine feste Form angenommen hat, wird im ›Gespräch‹ [*JSt: ... über Dante, s. RD Essays II, 113ff.*] entwickelt werden. Und hier noch ein Gedanke, der O. M. eigen ist: zum Kern der Dinge vordringen kann nur, wenn man die uns gegebenen fünf Sinne geschärft hat. Das ist ein Teil eines religiösen Weltverständnisses: die Welt ist uns gegeben, und um sie zu erkennen, sind uns alle Organe gegeben. [...]«

Werde ich euch wirklich morgen sehen: RD merkt hierzu an (RD Armenien, 192): »Als das Gedicht am 26. Mai 1931 entstand, hatte M. bereits die Arbeit an der ›Reise nach Armenien‹ begonnen; er träumte davon, noch einmal dorthin zurückzukehren, [...] zweifelte jedoch an der Realisierbarkeit dieses Traums, wie bereits in Gedicht XI des ›Armenien‹-Zyklus, ›Ich werde dich niemals wiedersehen‹. Der Traum ging nicht in Erfüllung: M. hat Armenien nicht wiedergesehen, hat sich nur in einer geistigen Reise – im vorliegenden Gedicht – noch einmal dorthin begeben können.«

Seher: OM verwendet hier den russischen Terminus *prozorlivec*, der auch in der russischen Bibelsprache verwendet wird (s. «Pervaja kniga Carstv» 9,9; entspricht dem Ersten Buch Samuel, 9,9 der Lutherbibel): »Vorzeiten sagte man in Israel, wenn man ging, Gott zu befragen: Kommt, laßt uns zu dem Seher gehen! Denn die man jetzt Propheten nennt, die nannte man vorzeiten Seher.«

Psalmensänger: traditionelle Bezeichnung für den biblischen König David.

Hyperboreer: RD merkt hierzu an (RD Armenien, 193): »In der antiken Mythologie sagenhaftes seliges Volk im Norden, hier kurz für die nördlichen Breitengrade; Rußland, das zugunsten des Südens – Armenien/Palästina – verlassen wird.«

Seláh: I. M. Semenko hierzu an (im Kapitel «Novye stichi» // Neue Gedichte // in ŽTV, 210): »In dem Gedicht [...] gibt es das noch von niemandem kommentierte Wort *selá*. In der russischen Sprache sind wir ihm nur im ›Buch der Psalmen‹ begegnet, in der parallel zweisprachigen (hebräisch-russischen) Ausgabe von ‹Svjaščënnye knigy Vetchogo Zaveta› (Wien 1877, 991-1015 [*JSt:* »*Heilige Bücher des Alten Testaments*«]). Im hebräisch-russischen Wörterbuch (Moskau 1963, 434) wird hierzu gesagt: Bezeichnung für eine Pause im Text der Psalmen für den Chor oder für Musikinstrumente; es gibt noch eine Bedeutung: ›auf ewig‹. In diesem Kontext kann der ›Meister der Juden‹ in dem zu betrachtenden Gedicht bezogen werden auf den ›Meister des Chores‹ aus den Psalmen (s. [...] Psalm 4, 5, 8, 9 und viele andere).«

Meister der Juden: Gemeint ist hier vermutlich König David. Der von OM verwendete russische Terminus *načalnik*, hier mit »Meister« übersetzt, wird in der russischen Bibelsprache im Sinne von Oberster (der Helden Davids, der Leviten, der Stämme), von *Befehlshaber/Kommandeur* militärischer Kräfte, von Meister des Chores (s. vorstehende Notiz), aber auch von *Gründer, Begründer, Stifter* verwendet. Indem David König über ganz Israel und Juda wurde (2. Buch Samuel 5), begründete er den ersten Staat der Juden. Gleichzeitig stiftete er den Tempel, indem er seinen Sohn mit dessen Bau beauftragte und ihm die dazu notwendigen Mittel zur Verfügung stellte (2. Sam 22). – RD merkt hierzu an (RD Armenien, 193): »M. erinnert sich seiner jüdischen Ursprünge, vgl. 3. Str. ›Psalmensänger‹, 4. Str. ›Geschenk von König David‹. Seit der ›Vierten Prosa‹ (1929/1930) bekannte sich M. – nach einer anfänglich konfliktreichen Beziehung – mit aller Deutlichkeit zu seinem Judentum, vgl.: ›... dem ehren Titel eines Juden, auf den ich stolz bin. Mein Blut, schwergeworden vom Erbe der Schafzüchter, Patriarchen und Könige ...‹« (*JSt: s. RD Prosa, 265*)

Für seine himbeerrote zarte Geste: NM verweist auf Rembrandts Gemälde »Die Rückkehr des verlorenen Sohnes« (um 1666/69), das OM und sie oft im Petersburger Eremitage-Museum betrachtet hätten (NM's »Kommentare zu den Gedichten 1930-1937« in ŽTV, 207-209). Dort legt der Vater, in einem roten Schulterumhang – dem vor ihm knieenden, zurückgekehrten Sohn die Hände auf die Schulter, in einer Geste verzeihender Güte. Zu OM's Verhältnis zu Farben merkt NM in dem zuvor zitierten Text an:

»Die Farbsymbolik geht bei Mandelštam immer ins Konkrete, in das in der Wirklichkeit Durchlebte, sei es als

Ereignis, als Bild oder als Buch. Es gibt keine zufälligen Worte und Begriffe – alles ist begründet, aber die Kettenglieder des Denkens und Empfindens werden nicht gezeigt. Das ist die erste Folgerung: diese Verse, besser, die Gedichte dieses Poeten erfordern ein vertieftes Verständnis. Zweitens, zum Judentum kommt Mandelštam über das europäische Denken, über die europäische Kultur. Das ist keine Rückkehr aufgrund des Rufs des Blutes, sondern eine Ankunft gemeinsam mit der europäischen Welt, in der er lebte. Drittens, Gedichte sind keine Erzählung und kein Rechenschaftsbericht. Der Leser entnimmt ihnen die Tiefe, zu der er fähig ist: man muß ihn nicht an die Hand nehmen und ihm die Gedanken weisen. Und schließlich, sind das Assoziationen? Ich denke, daß Gespräche über assoziative Linien und über unerwartete Assoziationen die niedrigsten Formen des Verstehens sind. Der in der europäischen Kultur (wahrscheinlich aber auch in jeder anderen) lebende Mensch nimmt ihre Ideen in sich auf, lebt von ihren Reichtümern, vertieft sich in ihre Schatzkammer. Sie werden zu seinem Eigentum – all das, was er mit allen fünf Sinnen empfangen hat. Diese Schatzkammern, umgesetzt in Ideen, ins Denken, in Einstellungen, werden zu einem Bestand, aus dem er schöpft. Die gütigen Hände des Rembrandtschen Alten entstehen nicht als Assoziation, sondern als goldener Bestand europäischer Ideen und Werte. Assoziationen, ja sogar unterbewußte, sind dies nur für diejenigen, die nicht über diesen Bestand verfügen.

[...] Dieses rote, warme Kolorit des ›verlorenen Sohnes‹ ging in das Bewußtsein Mandelštams ein, des sehr viel Aufmerksameren und Scharfsichtigeren als wir alle mit unserer zerstreuten Aufmerksamkeit. Die Güte des Vaters und alle Gefühle des verlorenen Sohnes, der schließlich nach Hause zurückgekehrt ist, färbten sich mit einem warmen roten Schein. Wenn Mandelštam von einer

›himbeerroten Geste‹ sprach, vertraute er seinem Leser, der diese Sache wie er selbst gesehen hat.

Und schließlich, eine letzte Frage: über das Thema des verlorenen (obdachlosen) Sohnes, der zum Vaterhaus heimkehrt. Es wiederholt sich bei Mandelštam ständig, wenn ihm auch selbst versagt war, irgendwohin heimzukehren.«

Und frisch, wie eine ausgewaschene Fabel, / bis zur Abstumpfung ist das grüne Tal: In ihrem Kommentar merkt NM an (s. ŽTV, 210), I. M. Semenko habe sie darauf hingewiesen, daß es einen Zusammenhang mit der Fabel »Der Fuchs und die Weintraube« des russischen Fabeldichters Ivan Andreevič Krylov (1768-1844) gibt. – Die Fabel handelt von einer hungrigen Füchsin, die in einen Weingarten gelangt, aber nicht an die verlockenden, saftigen, aber leider zu hoch hängenden Beerentrauben herankommen kann, schließlich unverrichteter Dinge wieder abzieht und verärgert, resignierend feststellt: »Nun, was soll's! / Dem Anschein nach sind sie gut / doch grün – es gibt kein reifes Beerchen; / gleich macht man sich die Zähne stumpf.« (übersetzt nach «Basni Krylova», Polnoe sobranie // Die Fabeln von Krylov, Gesamtausgabe // Moskau «RIPOL», 1979, 39).

Armee-Ferngläser: vgl. OM's Essay »Darwins literarischer Stil« (RD Essays II, 108): »Das Auge des Naturforschers verfügt wie das Auge des Raubvogels über die Fähigkeit zur Anpassung. Es verwandelt sich einmal in ein weitreichendes Armee-Fernglas, dann wieder in die Lupenlinse des Juweliers.«

Zwei Farben nur: RD merkt hierzu an (RD Armenien, 194): »Rot und Gelb sind die dominanten Farben in Rembrandts ›Rückkehr des verlorenen Sohnes‹, doch auch die Farben Armeniens in M.s Erinnerung, vgl. Gedicht III des ›Armenien‹-Zyklus: von all den Farben ist mir nur Mennige und heiserer Ocker geblieben‹.«

Andere »Deutungsvorschläge«: RD Armenien, 127.

S. 61 *Der Phaëton-Kutscher – Auf dem hohen Gebirgspaß:*
NM merkt zu diesem und dem nachfolgenden Gedicht an (in »Kommentare zu den Gedichten von 1930-1937« in ŽTV, 211f. [*JSt: die in NM's Text enthaltenen Stichworte werden durch Fettschrift und Kursivschrift hervorgehoben*]:
»Die Reise nach Berg-Karabach, das war im Herbst 1930 die letzte Abreise aus Erivan, das Ende unserer Armenienreise. Bei Tagesanbruch fuhren wir von Gjandža (?) aus nach Šuša ab. Die Stadt begann mit endlosen Friedhöfen, dann ein winziger Basar-Platz, auf den die Straßen der zerstörten Stadt hinunterführten. Wir hatten bereits Dörfer sehen können, die von ihren Bewohnern verlassen waren, und die aus einigen halbzerstörten Häusern bestanden, aber in dieser Stadt, irgendwann einmal, offensichtlich, reich und wohlgeordnet, war das Bild der Katastrophe und des Gemetzels erkennbar. [*JSt: im März 1920 hatten die mit den Türken verbündeten Aserbeidschaner den Ort verwüstet – 35.000 Armenier waren dem Massaker zum Opfer gefallen*]. Wir fuhren die Straßen entlang, und überall das gleiche: zwei Reihen Häuser ohne Dächer, ohne Fenster, ohne Türen. Durch die Fensterhöhlen waren leere Räume zu sehen, hin und wieder abgerissene Tapetenfetzen, halbzerstörte Öfen, manchmal Reste zerschlagener Möbel. Häuser aus dem berühmten rosafarbenen Tuffstein, zweistöckig. Alle Zwischenwände herausgerissen, und durch diese Gerippe schimmert der blaue Himmel hindurch. Man sagt, daß nach dem Gemetzel alle Brunnen mit Leichen verstopft waren. Wenn jemand am Leben geblieben war, ist er aus dieser Stadt des Todes geflohen. Auf keiner der Bergstraßen haben wir einen Menschen angetroffen. Nur unten, auf dem Basar-Platz wimmelte ein Häuflein Menschen umher, unter ihnen aber kein einziger Armenier, nur Muselmanen. O. M. hatte den Eindruck gewonnen, als seien die Muselmanen auf

dem Markt die Reste der Mörder, die vor zehn Jahren die Stadt zerstört hatten, nur daß dies ihnen nicht gut bekommen war: östliche Armut, abscheuliche Lumpen, eitrige Hautwunden auf den Gesichtern. Man handelte mit ein paar Handvoll Maismehl, mit Maiskolben, mit Fladen... Wir konnten uns nicht entscheiden, Fladen aus diesen Händen zu kaufen, essen wollten wir jedoch... O. M. sagte, daß es in Šuša genauso wie bei uns sei, nur daß es hier offensichtlicher und deshalb unmöglich sei, auch nur ein Stückchen Brot zu essen... Auch das Wasser aus diesen Brunnen trinkt man nicht.

In der Stadt gab es nicht nur Gasthöfe, sondern auch Zimmer für Reisende, *obščo* genannt, wo Frauen und Männer gemeinsam schlafen. Der Autobus nach Gjandža fuhr am nächsten Morgen ab. Menschen auf dem Basar boten uns an, bei ihnen zu übernachten, aber ich fürchtete mich vor den östlichen eitrigen Hautwunden, und O. M. konnte den Gedanken nicht loswerden, er habe es mit Pogromteilnehmern und Mördern zu tun. Wir entschieden uns, nach der Gebietsstadt Stepanakert zu fahren: dorthin gelangen konnte man nur mit einer Droschke. Und so gerieten wir an einen nasenlosen Kutscher, den einzigen an der Haltestelle, mit einem ledernen maskenartigen Etwas, das seine Nase und einen Teil des Gesichts verbarg. Und danach war es genauso wie in den Versen: und wir hatten nicht überprüft, ob er uns wirklich nach Stepanakert fuhr...

Als wir uns Stepanakert näherten, fuhren wir an einer nach Hause zurückkehrenden Herde vorbei. In Stepanakert übernachteten wir wieder in einem *obščo*, erhielten am nächsten Morgen Busfahrkarten (über das Gebietskomitee) und kehrten mit der Eisenbahn nach Gjandža oder nach Nucha zurück.

Die Verse über Šuša wurden in Moskau im Sommer 1931 geschrieben, als wir in einem Zimmer bei Aleksandr

Emilevič [*JSt: ein Bruder von OM*] lebten (er war mit seiner Frau in den Urlaub gefahren)... Ihr Thema ist der Kutscher, der zu einem unbekannten Ziel fährt, der Pest-Vorsitzende, jemand mit einer Maske, von dem wir abhängen... Mandelštam hatte seit langem festgestellt, daß wir überhaupt nichts von denjenigen wissen, von denen unser Schicksal abhängt, selbst von den geheimnisvollen Unbekannten, die plötzlich an den Redaktionstischen auftauchten und sich mit ihm über irgendeine anstehende Ausgabe unterhielten [*JSt: Von August 1929 bis Februar 1930 war OM bei der Moskauer Tageszeitung ‹Moskovski komsomolec‹ als für die ›Literarische Seite‹ verantwortlicher Redakteur beschäftigt*]. Sie erschienen geheimnisvoll aus unbekannten Niederungen an diesen Tischen und verschwanden genauso geheimnisvoll wieder. Noch weniger wußten wir über die Vorsitzenden dieses verpesteten Festmahles. Das Gedicht ist aus einem konkreten Ereignis und einer weitergefaßten Assoziation heraus entstanden, darin liegt sein Sinn. Aus ihm ging der friedliche Ausschnitt über die gleiche Herde hervor, die wir gesehen hatten, als wir nach Stepanakert hinunterrasten. Ich erinnere mich daran, daß sie zum Berg hinzog, als wir den Berg bereits hinter uns hatten. Der Anblick dieser Herde brachte uns in ein friedliches Leben zurück: wo es eine Herde gibt, da gibt es Menschen, und nicht nur Antreiber mit der Ledermaske. Wir empfanden, daß wir gerettet waren... Diese Gedichte sind Zwillinge, die sich einer Wurzel entwickelt haben, aber mit gegensätzlichen Wahrnehmungen: einerseits vom Leben und andererseits von einem unsinnigen, ziellosen Rennen ›*bis zu äußerster Heiserkeit*‹.

Nach dem Abend bei der ‹Literaturnaja gazeta›, an dem O. M. seine Gedichte vortrug [*JSt: am 10. November 1932 trugen in den Redaktionsräumen der Literaturzeitung neben OM noch weitere, dem Regime ergebene Dichter ihre Gedichte vor*], kam Kirsanov [*JSt: vermutlich Semën Isaakovič K.,*

1906-1972, *Lyriker, schrieb avantgardistische Agitationsverse im Stile Vladimir Majakovskis, 1893-1930*] zu unserem Fenster (wir lebten auf dem Tverskoj-Boulevard im Herzen-Haus [*JSt: im Haus-Nr. 25, an dem 1991 eine an OM erinnernde, von der Bildhauerin D. Šachovskaja gestaltete Gedenktafel angebracht worden ist*] und sagte, alle Gedanken von O. M. seien alte, die Gedichte seien alt und nachgeahmt, und führte als Beispiel den ›Phaëton-Kutscher‹ an; dies sei eine Nachahmung von ›Ein Gastmahl während der Pest‹ [*JSt: ein Kurzdrama von Aleksandr Puškin, 1830*]. O. M. hat dies mit Befriedigung zur Kenntnis genommen. Der Redaktion hat er seine Gedichte nicht vorgelegt.« – Wenige Tage später, am 23. November, veröffentlichte die «Literaturnaja gazeta» einige von OM zwischen 1930 und 1932 geschriebenen Gedichten: »Leningrad«, »Mitternacht in Moskau« und »An die deutsche Sprache« (s. RD Moskau, 45, 77, 139).

Phaëton: Als Phaëton wurde in Rußland eine leichte Kutsche mit Klappverdeck bezeichnet.

Wie eine Rose oder eine Kröte: A. G. Mec merkt hierzu an (PSS, 584): »Reminiszenz an das Gedicht von Sergej Esenin (1895-1925) ›Eine Freude ist mir noch geblieben‹ (1923): ›Eine weiße Rose wollte ich auf der Erde mit einer schwarzen Kröte vermählen...‹«

Dieser Pest-Vorsitzende: RD merkt hierzu an (RD Armenien, 194): »Reminiszenz an Alexander Puschkins Drama ›Ein Gastmahl während der Pest‹ [*JSt: s. NM's obige Anmerkungen zu diesem Gedicht*], wie bereits in der 1. Strophe (›tafelten wir mit dem Tod‹); metrisch und motivisch ist das Gedicht auch ein Echo auf Puschkins Gedicht ›Die Dämonen‹ (1830). – Der ›Pest-Vorsitzende‹ ist eine von M.s ersten Bezeichnungen für Stalin, der ebenfalls – wie der unheimliche ›Phaëton-Kutscher‹ – ein von Pockennarben gezeichnetes Gesicht hatte, vgl. den ›pockennarbigen Teufel‹ in der ›Vierten Prosa‹ (1929/30) [...]

[*JSt: s. RD Prosa, 257*]: ›... und dies in einer Zeit, da die Väter für drei Generationen im voraus an einen pockennarbigen Teufel verkauft sind. Soweit ein Seitchen Literatur.‹« – Auch hier zeigt sich wie in anderen Texten Mandelštams dessen seherisches Vermögen. Es sollte tatsächlich drei Generationen vom Zeitpunkt der Abfassung der »Vierten Prosa« bis zum Zusammenbruch der Sowjetherrschaft im Jahr 1991 dauern!

Andere »Deutungsvorschläge«: RD Armenien, 129.

S.67 *Wie ein riesiger Koloß:*
Das Gedicht steht in einem engen Zusammenhang mit dem vorangehenden; s. NM's obige Anmerkungen.

Andere »Deutungsvorschläge«: RD Armenien, 133.

S.69 *Im einunddreißigsten Jahr seit der Geburt des Jahrhunderts:*

Ins buddhahafte Moskau: RD merkt hierzu an (RD Armenien, 195): »Zur Gegenüberstellung von ›biblischem‹ Armenien und ›buddhistischem Moskau‹ vgl. auch die Opposition ›Lebensfülle der Armenier‹ vs. ›Kürbisleere Rußland‹ in der ›Reise nach Armenien.‹« – Nachfolgend die fraglichen Textstellen: a) aus dem Kapitel »Sewan« (s. RD Armenien, 14): »Nichts ist lehrreicher und bringt mehr Freude, als einzutauchen in die Gesellschaft von Menschen einer vollkommen anderen Rasse, die man hoch achtet, mit der man fühlt, auf die man selbst als Außenstehender stolz ist. Die Lebensfülle der Armenier, ihre rauhe Zärtlichkeit, ein edler Arbeitseifer, ihre unerklärliche Abneigung gegen die Metaphysik und die herrliche Vertrautheit mit der Welt der realen Dinge – all dies sprach mir zu: Du bist hellwach, hab keine Angst vor deiner Zeit, verstell dich nicht.« b) aus dem Kapitel »Aschot Howhannesjan« (s. RD Armenien, 19): »Und ich danke meiner Geburt dafür, daß ich nur ein zufälliger Gast im Samoskworetschje-Viertel [*JSt: dieses liegt auf dem dem Kreml gegenüberliegenden Ufer des Moskva-Flusses*] war und nicht meine besten Jahre in ihm verbringen würde. Nie und nirgendwo habe ich mit solcher Heftigkeit Rußlands Kürbisleere gefühlt; das Ziegelkolorit der Samoskworetschje-Sonnenuntergänge, die Farbe der Teetabletten rief mir den roten Staub des Hochofens Ararat ins Gedächtnis.«

Der an biblischem Tischtuch reiche Ararat: s. Notiz zu S. 37. Andere »Deutungsvorschläge«: RD Moskau, 85; FPI, 40.

S.71 *Schon liebe ich die Moskauer Gesetze:*
Die Tage sind dort durch Hinrichtungen berühmt: RD merkt hierzu an (RD Armenien, 195): »Die feindselige, mißtrauische Haltung des europäisch gestimmten Dichters M. gegenüber einem chaotischen, gewalttätigen, rückständigen Moskau ist eine Konstante seines Werkes, vgl. die Apostrophierung als ›Hure Moskau‹ im Gedicht ›Nein ich find kein Versteck‹ (April 1931) [*JSt:* s. RD Moskau, 65]...«

Faulbeerbaum: Rolf-Dietrich Keil merkt zu diesem Stichwort in seiner Übersetzung von Alexander Puschkins Drama in Versen »Jewgeni Onegin« an (Alexander Puschkin: Jewgeni Onegin, Aus dem Russischen von Rolf-Dietrich Keil. Insel Verlag, Frankfurt am Main und Leipzig 1999, 257): »ein in Nord- und Mittelrußland verbreiteter Laubbaum mit weißen, stark (jasminähnlich) duftenden Blüten; sein Name (tscherjómucha) wird mit den ›weißen Nächten‹ des Frühsommers und romantischen Jugendgefühlen assoziiert.«

Andere »Deutungsvorschläge«: RD Moskau, 85; FPI, 40.

S.73 *Wenn du leben willst, dann schau mit einem Lächeln:*
Milch mit buddhistischer Bläue: zum Wort »buddhistisch« s. Notiz zu S. 69. RD merkt hierzu weiter an (RD Armenien, 196): »[...] ein Bild für den Himmel, der bei M. [...] negativ konnotiert ist.«

Klicke, liebe Kodak / ... Die Netzhaut ist hungrig:
RD merkt hierzu an (RD Armenien, 196): »Von dem in

Armenien neu erwachten Hunger des Sehens [...] berichten diverse Teile der ›Reise nach Armenien‹, vgl. etwa das Kapitel ›Die Franzosen‹ (RD Armenien, 34): ›Da dehnte ich das Sehvermögen aus‹ usw. Vgl. auch die Kodak als Reisebegleiter im ›Notizbuch zur Reise nach Armenien‹ (RD Armenien, 89): ›Statt einer Kodak hatte Goethe den rotbackigen Maler Kniep nach Italien mitgenommen...‹«

Andere »Deutungsvorschläge«: RD Moskau, 87; FPI, 40.

S.75 *Ich bin kein Kind mehr!:*

Belehre nicht den Buckligen: RD merkt hierzu an (RD Armenien, 196): »Anspielung auf das russ. Sprichwort ›Den Buckligen heilt das Grab‹.«

Damit der Gaumen zum Himmel wird: RD merkt hierzu an (RD Armenien, 196): »im Russischen ein Wortspiel um ›Gaumen‹ (russ. *nëbo*, gesprochen: *njoba*) und ›Himmel‹ (russ. *nebo*, gesprochen *njeba*). Mund und Gaumen als Ort der Entstehung von Poesie und als kosmischer Raum.«

Andere »Deutungsvorschläge«: RD Moskau, 87; FPI, 41.

POSTSCRIPTUM

Mandelštams »Rückkehr zu den Deutschen« und seine spätere Begegnung mit B.S.Kuzin, den er in Armenien kennengelernt hatte

In Armenien sind Osip Mandelštam, wie seine Frau Nadežda schreibt, nach einem fünf Jahre dauernden lyrischen Schweigen »die Gedichte zurückgekommen«; und in Armenien ist er auch zu den Deutschen zurückgekehrt: Die Reise nach Armenien beschenkte ihn nämlich auch mit der Freundschaft zu Boris Sergeevič Kuzin (1903-1973), einem Moskauer Zoologen, Bach- und Goethe-Liebhaber, den er in Armenien kennengelernt hatte. Kuzin hatte sich dort aufgehalten, um Forschungsarbeiten durchzuführen: Im Auftrag der Nahrungsmittelbehörde, die bestrebt war, Importe zu reduzieren, untersuchte er die Möglichkeit des Ersatzes der mexikanischen Koschenille-Laus, aus der Naturkarmin, ein dunkelroter Farbstoff, gewonnen wird, durch die sogenannte Ararat-Koschenille. Bei ihren Begegnungen in Armenien hat Kuzin Mandelštam auch angeregt, sich mit der deutschen Dichtung des 18. Jahrhunderts zu beschäftigen. – Im 51. Kapitel (»Das Bücherbrett«) ihrer Autobiographie beschreibt Nadežda Mandelštam, welche Dichter sich auf Mandelštams »Bücherbrett« befanden:[1] »In Armenien kehrte O. M. zu den Deutschen zurück, und in den dreißiger Jahren kaufte er vor allem Goethe, die Romantiker, Bürger, Lenau, Eichendorff und beide Kleist [*JSt: i. e. Heinrich, 1777-1811, und der heute weitgehend vergessene Ewald Christian*[2],

---

[1] Nadjeshda Mandelštam »Das Jahrhundert der Wölfe« – Eine Autobiographie. Fischer Taschenbuch Verlag, Frankfurt am Main 1991, S. 276 f.

[2] Idyllendichter, preußischer Offizier »ohne Fortüne«, dem sein Freund Lessing in seiner »Minna von Barnhelm« in der Gestalt des Majors von Tellheim ein literarisches Denkmal gesetzt hat. »Am 24. August 1759 erlag er einer schweren Verwundung aus der Schlacht von Kunersdorf: kein Heldentod, wie es die patriotisch verbrämte Legende will, sondern verkappter Selbstmord, den Lessing beim Namen genannt hat: ›Kleist hat sterben wollen.‹« [so

1715-1759, der Großonkel von Heinrich]. Er schaffte sich Klopstock an, der, wie er sagte, wie eine Orgel klinge, Herder und andere. Dann hatte er noch Mörike und Hölderlin und etwas an mittelhochdeutscher Dichtung.«

Das Leben und das Sterben eines der beiden Kleists, Ewald Christians, macht Mandelštam zum Thema seines am 8. August 1932 geschriebenen Gedichts »Christian Kleist«[3]. Dieses Gedicht stellt die erste Fassung des wenige Tage später geschriebenen Gedichts »An die deutsche Sprache« dar, das Mandelštam seinem Freund Kuzin widmet. In diesem Gedicht sieht Mandelstam wenige Monate vor Hitlers Machtübernahme in Deutschland neue Seuchen und siebenjährige Kämpfe kommen und zeigt damit erneut sein seherisches Vermögen – wie schon in seinem Gedicht »Der Phaëton-Kutscher«, s. Notiz zu S. 63: *Der Pest-Vorsitzende*. Gleichzeitig hält er aber in der letzten Strophe sein Vertrauen in die deutsche Sprache und Kultur für immer fest: »Du aber lebst, und mit dir bin ich ganz gelassen.«

Über eine spätere Begegnung mit Mandelštam in Moskau berichtet Kuzin in seinen im Oktober 1970 geschriebenen »Erinnerungen«[4]: »Eines Morgens kam Mandelstam zu mir gelaufen, allein (ohne Nadeschda Jakowlewna[5]), in großer Aufregung, doch fröhlich. Ich

---

Hans Christoph Buch in seiner Interpretation des Gedichts »Der gelähmte Kranich« von Ewald Christian von Kleist in: »Frankfurter Anthologie«, Bd. 22, herausgegeben von Marcel Reich-Ranicki, Insel Verlag Frankfurt am Main und Leipzig 1999, S. 34 f.]

3 Seinem Gedicht »Christian Kleist« stellt Mandelštam die erste Strophe des im Folgenden wiedergegebenen vierstrophigen Kleistschen Gedichts »Dithyrambe« (ekstatisches Chorlied aus dem altgriechischen Dionysoskult, der Ode ähnliches enthusiastisches Gedicht) als Epigraph voran: *Freund, versäume nicht zu leben: / Denn die Jahre fliehn, / Und es wird der Saft der Reben / Uns nicht lange glühn! // Lach' der Aerzt' und ihrer Ränke! / Tod und Krankheit lau'rt. / Wenn man bei dem Froschgetränke / Seine Zeit vertrau'rt. // Moslerwein, der Sorgenbrecher, / Schafft gesundes Blut. / Trink' aus den bekränzten Becher / Glück und frohen Muth! // So! – Noch Eins! – Siehst du Lyäen / Und die Freude nun? / Bald wirst du auch Amorn sehen, / Und auf Rosen ruhn!* (zitiert nach »Ewald Chr. von Kleist's sämmtliche Werke«, Verlag von Philipp Reclam jun. Leipzig, 65f., i. e. der Kleist-Ausgabe, die sich auch auf Mandelštams »Bücherbrett« befunden haben dürfte).

4 Boris S. Kuzins »Erinnerungen« in »Ossip Mandelstam: Armenien, Armenien – Prosa, Notizbuch, Gedichte 1930-1933«. Aus dem Russischen übertragen und herausgegeben von Ralph Dutli, Amman Verlag & Co. Zürich 1994, S. 154 f.

5 Vor- und Vatersname von Mandelštams Frau; der Diminutiv ihres Vornamens ist *Nádenka*.

begriff, daß er irgend etwas Neues geschrieben hatte, das er mir unbedingt und unverzüglich mitteilen wollte. Das Neue war das Gedicht über Stalin[6]. Ich war erschüttert – und brauchte es nicht in Worten auszudrücken. Nach einer Pause der Erstarrung fragte ich Mandelstam, ob er das noch jemandem vorgelesen habe. ›Niemandem. Sie sind der erste. Na ja, Nadenka natürlich...‹ Ich flehte Mandelstam im wahrsten Sinn des Wortes an, mir zu versprechen, daß seine Frau und ich die einzigen bleiben würden, die von dem Gedicht wußten. Als Antwort bekam ich ein sehr fröhliches und zufriedenes Lachen. Doch immerhin gab mir Mandelstam das Versprechen, niemandem mehr diese Verse vorzulesen. (...) Nein, er würde sein Versprechen nicht halten können. Zu sehr brauchte er

Einen Leser! Einen Helfer! Arzt![7]

Buchstäblich nach zwei, drei Tagen eröffnete mir Mandelstam mit einem zuckersüßen Lächeln, als hätte er ein Stück herrlicher Torte gegessen: ›Ich habe das Gedicht (es war klar, welches) Boris Leonidowitsch[8] vorgelesen.‹ Mir stand das Herz still. Natürlich war Boris

---

6 Bei diesem Gedicht handelt es sich um Mandelštams im November 1933 geschriebenes Epigramm gegen Stalin »Wir leben, unter uns den Boden nicht spürend«. – Nachdem Mandelštam erst im November 1987 vollständig rehabilitiert worden war, wurde das Gedicht in der Sowjetunion erstmalig und vollständig in der auflagestarken Zeitung der *MADI,* der Moskauer Straßenverkehrsinspektion «Za avtomobilno-dorožnye kadry» vom 3. Januar 1988 veröffentlicht. Nachdem das KGB im Februar 1989 Mandelštams bei dessen erster Verhaftung am 13. Mai 1934 beschlagnahmtes Autograph des Gedichts herausgegeben hatte, veröffentlichte die Moskauer Wochenzeitung »Moskovskie novosti« am 9. April 1989 eine Kopie des Autographs in ihrer Ausgabe Nr. 15. Dieses Autograph, das zwei achtversige Strophen aufweist, liegt auch der eigenen hier wiedergegeben Übersetzung zugrunde; in anderen Quellen – so auch in denjenigen, auf die sich Dutli und Ingold bei ihren Übersetzungen beziehen – hat das Gedicht acht zweiversige Strophen.

7 Zitat aus Mandelštams Ende Januar/Anfang Februar 1937 in Voronež geschriebenem Gedicht »Wo kann ich in diesem Januar Unterschlupf finden?«; s. »Ossip Mandelstam: Die Woronescher Hefte – Letzte Gedichte 1935-1937«, aus dem Russischen übertragen und herausgegeben von Ralph Dutli, Amman Verlag AG, Zürich 1996, S. 127.

8 Boris Leonidovič Pasternak (1890-1960) – dessen letzte Lebensgefährtin, Olga Ivinskaja, schreibt in ihren Erinnerungen (deutsch unter dem Titel »Lara, meine Zeit mit Pasternak«, Hamburg 1978): »Ende April 1934 traf er / Mandelstam / eines Abends Boris Leonidowitsch / Pasternak / auf dem Twerskoi Boulevard und rezitierte ihm sein Gedicht / ... / ›Ich habe nichts gehört, und Sie haben nichts rezitiert‹, sagte Boris Leonidowitsch. ›Sie wissen, es gehen

Pasternak über jeden Zweifel erhaben (wie auch die Achmatowa[9], wie Klytschkow[10]), doch um ihn herum, wie auch um Mandelstam, schwänzelten immer Leute, vor denen ich mich sehr gehütet hätte. Und das Wichtigste – mir wurde klar, daß Mandelstam in diesen wenigen Tagen es fertiggebracht hatte, die schrecklichen Verse mehreren Bekannten vorzulesen. Das Ende dieser Geschichte ließ sich genau voraussagen.«

Im Mai 1934 wird Mandelštam zum ersten Mal verhaftet und zu drei Jahren Verbannung im nördlichen Čerdyn (Perm-Gebiet) verurteilt. Im Juni 1934 wird das Urteil abgewandelt: Mandelštam kann, bei Ausschluß von zwölf verbotenen Städten, seinen Verbannungsort selbst bestimmen. Mandelštam wählt Voronež, wo die Verbannung im Mai 1937 endet. Im Mai 1938 wird er zum zweiten Mal verhaftet und durch ein Sondergericht des NKVD am 2. August 1938 zu fünf Jahren Arbeitslager wegen konterrevolutionärer Tätigkeit verurteilt. Er wird in Rußlands Fernen Osten transportiert, und dort endet Mandelštams Leben am 27. Dezember 1938 im Transitlager »Vtoraja rečka« in der Nähe von Wladiwostok.

Auf den folgenden Seiten gebe ich meine Übersetzung von Mandelštams Gedichten »Christian Kleist«, »An die deutsche Sprache« und »Wir leben, unter uns den Boden nicht spürend« wieder.

---

jetzt seltsame, schreckliche Dinge vor, Menschen verschwinden; ich fürchte, die Wände haben Ohren, vielleicht können auch die Pflastersteine hören und reden. Halten wir fest: Ich habe nichts gehört.‹ Auf die Frage, was Mandelstam zu diesem Gedicht veranlaßt habe, erklärte er, er hasse nichts so sehr wie den Faschismus, in welcher Form er auch auftrete.« (zitiert nach: »Ossip Mandelstam: Armenien, Armenien – Prosa, Notizbuch, Gedichte 1930-1933«. Aus dem Russischen übertragen und herausgegeben von Ralph Dutli, Amman Verlag & Co. Zürich 1994, S. 1999)

9 Anna Andreevna Achmatova (1889-1966), akmeistische Lyrikerin, mit Mandelštam bis zu dessen Tod eng befreundet.

10 Sergej Klyčkov (1889-1940), »Bauerndichter«, 1937 verhaftet, in der Haft verstorben.

Христиан Клейст

> Freund, versäume nicht zu leben:
> Denn die Jahre fliehn,
> Und es wird der Saft der Reben,
> Uns nicht lange glühn!
>
> *Ewald Christian Kleist*

Есть между нами похвала без лести,
И дружба есть в упор, без фарисейства,
Поучимся ж серьезности и чести
У стихотворца Христиана Клейста.

Еще во Франкфурте отцы зевали,
Еще о Гёте не было известий,
Слагались гимны, кони гарцевали
И княжества топталися на месте.

Война – как плющ в беседке шоколадной,
И далека пока еще от Рейна
Косматая казацкая папаха.

И прямо со страницы альманаха
Он в бой сошел и умер так же складно,
Как пел рябину с кружкой мозельвейна.

CHRISTIAN KLEIST

> Freund, versäume nicht zu leben:
> Denn die Jahre fliehn,
> Und es wird der Saft der Reben,
> Uns nicht lange glühn!
>
> *Ewald Christian von Kleist*

Zwischen uns ist Lob ohne Schmeichelei,
Und Freundschaft ohne Umschweif' ist, ohn' alle Heuchelei.
Erlernen wir also Ernsthaftigkeit und Ehrgefühl
Beim Verseschöpfer Christian Kleist.

Noch gähnten die Väter in Frankfurt,
Noch war von Goethe nicht die Rede,
Entstanden Hymnen erst noch, tänzelten die Rösser,
Und traten Fürstentümer auf der Stelle.

Krieg war noch wie Efeu im Schokoladenpavillon,
Und vorerst weit noch vom Rhein
Die zersauste Kosaken-Papacha.

Und geradewegs von einer Seite seines Almanaches
Ging in den Kampf er und starb so aufrecht,
Wie er die Eberesche mit einem Krug Moselwein besang.

8. August 1932

К НЕМЕЦКОЙ РЕЧИ

Б. С. Кузину

Себя губя, себе противореча,
Как моль летит на огонек полночный,
Мне хочется уйти из нашей речи
За всё, чем я обязан ей бессрочно.

Есть между нами похвала без лести
И дружба есть в упор, без фарисейства,
Поучимся ж серьезности и чести
На Западе у чуждого семейства.

Поэзия, тебе полезны грозы!
Я вспоминаю немца-офицера:
И за эфес его цеплялись розы,
И на губах его была Церера.

Еще во Франкфурте отцы зевали,
Еще о Гёте не было известий,
Слагались гимны, кони гарцевали
И, словно буквы, прыгали на месте.

Скажите мне, друзья, в какой Валгалле
Мы вместе с вами щелкали орехи,
Какой свободой мы располагли,
Какие вы поставили мне вехи?

AN DIE DEUTSCHE SPRACHE

Für B. S. Kuzin

Sich selbst zugrunde richtend, widersprechend,
Wie eine Motte in die mitternächtliche Flamme fliegt,
Will ich aus unsrer Sprache fort
All dessen wegen, was ich für immer ihr verdanke.

Lob ohn' jede Schmeichelei ist zwischen uns,
Und Freundschaft ohne Umschweif' ist, ohn' alle Heuchelei –
Erlernen wir also Ernsthaftigkeit und Ehrgefühl
Im Westen bei fremder Verwandtschaft.

Poesie, dir sind Gewitter nützlich!
Ich erinnre mich an einen deutschen Offizier;
Und um seinen Säbelgriff sich rankten Rosen,
Und auf seinen Lippen war die Göttin Ceres.

Noch gähnten die Väter in Frankfurt,
Noch war von Goethe keine Rede,
Wurden Hymnen erst noch ersonnen, führten Pferde Kunststücke vor
Und tänzelten, wie Lettern, auf der Stelle.

Sagt mir, Freunde, in welchem Walhalla
Haben gemeinsam Nüsse wir geknackt?
Über welche Freiheit haben wir verfügt?
Welche Wegzeichen habt ihr mir abgesteckt?

И прямо со станицы альманаха,
От новизны его первостатейной,
Сбегали в гроб – ступеньками без страха,
Как в погребок за кружкой мозельвейна.

Чужая речь мне будет оболочкой,
И много прежде, чем я смел родиться,
Я буквой был, был виноградной строчкой,
Я книгой был, которая вам снится.

Когда я спал без облика и склада,
Я дружбой был, как выстрелом, разбужен.
Бог-Нахтигаль, дай мне судьбу Пилада
Иль вырви мне язык – он мне не нужен.

Бог-Нахтигаль, меня еще вербуют
Для новых чум, для семилетних боен.
Звук сузился. Слова шипят, бунтуют,
Но ты живешь, и я с тобой спокоен.

Und geradewegs von einer Seite eines Almanaches,
Von dessen grandioser Neuartigkeit,
Stürzten wir in die Gruft – furchtlos hinab die Stufen –
Wie in einen Weinkeller wegen eines Kruges Moselwein.

Die fremde Sprache wird mir zur Hülle werden,
Und lange bevor ich wagte geboren zu werden,
War ich ein Letter, war ein Trauben-Vers,
War ich das Buch, das euch im Traum erscheint.

Als ich noch ohn' Gestalt und Eigenschaften schlief,
Weckte mich diese Freundschaft, wie ein Schuß.
Gott-Nachtigall, gib mir das Schicksal des Pylades,
Oder reiß mir die Zunge heraus – ich brauche sie nicht.

Gott-Nachtigall, man wirbt mich noch an
Für neue Seuchen, für siebenjährige Kämpfe.
Der Laut hat sich verengt, die Wörter fauchen, rebellieren,
Du aber lebst, und mit dir bin ich ganz gelassen.

8.-12. August 1932

МЫ ЖИВЕМ, ПОД СОБОЮ НЕ ЧУЯ СТРАНЫ

Мы живем, под собою не чуя страны,
Наши речи за десять шагов не слышны,
А где хватит на полразговорца,
Там припомнят кремлевского горца.
Его толстые пальцы, как черви, жирны,
И слова, как пудовые гири, верны,
Тараканьи смеются усища
И сияют его голенища.

А вокруг него сброд тонкошеих вождей,
Он играет услугами полулюдей.
Кто свистит, кто мяучит, кто хнычет,
Он один лишь бабачит и тычет,
Как подкову, дарит за указом указ:
Кому в пах, кому в лоб, кому в бровь, кому в глаз.
Что ни казнь у него – то малина,
И широкая грудь осетина.

WIR LEBEN, UNTER UNS DEN BODEN NICHT SPÜREND

Wir leben, unter uns den Boden nicht spürend,
unsre Worte sind auf zehn Schritt nicht zu hören,
und wo es für ein kleines Gespräch ausreicht,
da erinnert man sich an den Kreml-Bergbewohner.
Seine dicken Finger sind fettig, wie Würmer,
und seine Worte sind verläßlich, wie zentnerschwere Gewichte,
die Küchenschaben seines Schnauzbarts lachen,
und seine Stiefelschäfte glänzen.

Und um ihn herum das Gesindel schmalhalsiger Führer,
mit den Diensten von Halbmenschen spielt er herum.
Einer pfeift, ein andrer miaut, jener jammert,
nur er allein schlägt den Takt und weist die Richtung.
Wie Hufeisen schmiedet er Dekret um Dekret:
Dem in die Leiste, dem an die Stirn, dem auf die Braue,
                                        dem ins Auge.
Welche Hinrichtung auch immer – Himbeeren sind's für ihn,
und breit geschwollen ist die Brust des Osseten.

November 1933

POSTPOSTSCRIPTUM

Auf der Abschlußveranstaltung der Olympischen Winterspiele in Sotschi am 23. Februar 2014, die vor allem der Darstellung der Reichtümer der russischen Kultur gewidmet war, wurde zusammen mit den Bildern bekannter russischer Dichter auch ein großformatige Schautafel mit dem Bild von Osip Mandelštam gezeigt; damit hat Mandelštams dichterisches Schaffen in Rußland endlich, 66 Jahre nach seinem Tod, die von ihm so sehr ersehnte öffentliche Anerkennung erfahren.

Druck: KN Digital Printforce GmbH · Schockenriedstraße 37 · 70565 Stuttgart